「君に任せたよ」と上司に言われたら……

最速の90日！

新規事業成功バイブル

伊藤大輔

現代書林

はじめに

おめでとうございます。

本書を手に取られているということは、新規事業の立ち上げを会社から命じられたのですね。もしかするとあなたはそのことで、プレッシャーを感じているかもしれません。

しかし、ポジティブに考えると、**新規事業は「与えられたマニュアル通りの仕事」ではなく、「新たな仕事を創造し、仕事を与え、世の中に価値を提供する素晴らしい仕事」**であり、あなたはそれを担う新たなステージに立っているのです。

そもそも、新規事業は企業経営にとってとても重要な要素であり、信頼・信用していない人には任せません。

会社や上司からあなたが期待されているからこそ、新規事業に関わっているのです。まずは、自分自身が期待されていることに自信を持ってくださいね。

本書は、新規事業の立ち上げに際し、どのようにすればよいのかを伝えています。

また、**新規事業構想を90日以内で実行できるようにしています。**この90日という期間はとても重要な意味を持ちます。

私は、数多くの新規事業や起業を経験し、また大学院の講師としてもこの手法を伝えています。これらの現場経験から、皆さんに知っておいていただきたいことがあるのです。

「時間」は重要な経営資源です。しかし、**他の新規事業関連の書籍には「時間」という概念についてふれたものが、あまりありませんでした。**

新規事業構想をしている間にも、世の中の外部環境や会社や組織の内部環境は変わり続けています。**少なくとも3か月間で新規事業の目処をつけなければ、そのアイデアやビジネスモデルはどんどん鮮度が劣化していくのです。**

あなたは新規事業の担当者として、新たな次の事業を立ち上げる人です。まず今の事業がなぜ世の中に価値を提供してきたのか、その経緯を振り返る必要があります。

なぜなら、あなたがこれから構想する新規事業は、その歴史の延長線上にあるからです。当然この歴史には、あなたの会社や組織の先人のイノベーションが含まれています。

イノベーションとは、今まで結びつきのなかった要素同士が結合し、新たな価値を生み出すことです。経済学者であったヨーゼフ・アロイス・シュンペーターはこれを「新結合」と呼びました。

あなたの会社や組織は、過去から現在まで多くの新結合をし、現在に至っているのです。

会社の発展は生物の発展に似ています。ダーウィンの『種の起源』の樹形図のように、会社のコアな部分から新しい事業が枝葉のように分岐し、広がって発展しています。
事業がうまくいったものはさらに枝葉が広がります。うまくいかなかったものは淘汰され消えます。この歴史を知ることも、次の一手である新規事業を考えるのにとても重要です。

例として、私の現時点までの事業の新結合を簡単にご紹介します。私は個人で起業し、その後、法人を複数有していますので、参考にしていただけると思います。

もともと私は音楽を生業にしていました。その前は調理師でした。この2つの仕事の共通点は「事前にダンドリ（計画）する」能力と「臨機応変さ」能力です。

事前の仕込みや作曲・レコーディングなど、本番という時間が決まっている中で的確に計画し準備する力と、本番で想定外のことが起こったときに対応していく力。調理や音楽を通じてこれらの能力を身に着けました。

その後、**会社員となり、数々の新規事業開発を含むプロジェクトを担当**し、前職で培ったダンドリ力や臨機応変な対応力を活かしていきました。

プロジェクトが大きくなるにつれ、プロジェクトマネジメントを体系的に学ぶ必要性を感じ、**国際資格であるＰＭＰ®を取得し、経営視点を養うために大学院でＭＢＡを取得**しました。

そして、自身のダンドリ力や臨機応変な対応力の要素、プロジェクトの知識・技術・経験という要素、ＭＢＡという経営知識を結合させ、**プロジェクトマネジメントの専門会社を立ち上**

げました。

会社とはいっても、最初は私だけがいる会社で、ほぼ個人事業でした。会社を立ち上げた後、いろいろな苦労をしましたが、**当初の事業は「教育研修事業」**でした。

プロジェクトマネジメント研修と音楽家だったときのステージング能力、エンターテインメントを結合させ、研修というと座学でつまらなくて眠くなるという課題（私も研修を受講するのは苦手でした）を音楽で養ったエンターテインメントで解決できないかと考えたのです。

もともとプロジェクトマネジメントは座学で勉強するだけでは完全な能力開発ははかれません。体感・経験が重要なのです。その後、お客様からの各種ご要望を結合させ、**２０１９年10月時点で、受講者５５００名を超えるご好評をいただける講義となりました。**

研修をご依頼されたお客様から、「研修後に実際にプロジェクトを手伝ってほしい」というご依頼をいただくようにもなりました。

お話をよく聴いてみると、プロジェクトマネジャーやプロジェクトメンバーの能力開発後の社内プロジェクトのガバナンス整備や、プロジェクトのアドバイザリーが必要な状況でした。

お客様のプロジェクトには従業員の能力開発以外にも課題があったのです。

そこで、**私はＭＢＡとプロジェクトマネジメントの知識・技術・経験を結合し、「プロジェ**

クト実行支援事業（ＰＭＯ事業）」の前身となる事業を開始しました。

教育研修事業においては、ご依頼数が増えてから、お客様にはさらなる課題があることに気がつきました。それは中小零細企業の研修費の課題や、研修実施地域の課題です。

当時は大都市以外の会社の方が研修を受けるには、大都市に移動しなければなりませんでした。当然、移動費もかかり、時間もかかります。どうにか、時間と場所の制約のない学びの場を提供できないかと考えていました。

ある日、満員電車に揺られていたとき、乗客がスマートフォンでゲームをする姿が目に入りました。これだと思いました。**スマートフォンで講義ができないかと考え、映像型のｅラーニングを構想**しました。今では当たり前ですが、これが２０１３年のことです。

教育研修にＩＴを新結合させたわけです。また、映像は音楽業界にいたときの映像編集を思い出し結合しました。そしてプロジェクトの経験の中で通信販売の新規事業立ち上げを行った経験をもとに、決済などの仕組みを結合させました。これがｅラーニング事業の始まりです。

その後、受講者の皆様から、知識の修得を証明する「第三者認証」が欲しいという要望があり、**一般社団法人の協会を立ち上げ、資格認定を行う事業を開始**しました。

ざっと私の歩みをご紹介しましたが、皆さんの会社の中にも、過去のストーリーが必ずあります。皆さん個々人の知識や経験・技術の過去のストーリーもあるはずです。

過去の新結合をリバースエンジニアリング的に学び、次の新結合の一手は何かを立案するのも重要です。そして、「次の歴史を創る」のが皆さんなのです。

皆さんの**新規事業構想・開発の成功をさらに応援するために、本書で紹介するツール類のデータを読者特典として提供**しています。

インターネットで「ＪＰＳブックス」と検索し、専用ＷＥＢサイトからダウンロードしてご活用ください。

https://www.japan-project-solutions.com/jps-books/

ぜひ皆さんの新事業成功のためにご活用くだされば幸甚です。

２０２０年１月

伊藤大輔

目次

PART2. 新規アイデアを考える

PART3. 新規アイデアのバランスを見る

PART4. 事業計画書を作る

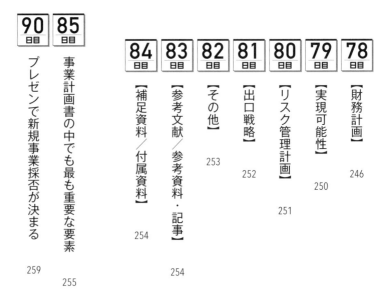

PART5. 事業計画の改善

PART1.

新規事業の基礎知識

▼世の中の課題を解決する価値提供こそ新規事業の源泉となる

▼新規事業は投資案件であり、売上を増大させるか費用を減少させるかに投資する

▼利益とは投資のための重要な源泉である

▼モノやサービスは陳腐化する。だからこそ新規事業により新規性のあるモノやサービスを創り続ける必要がある

▼イノベーションとは「今まで結びつきのなかった要素同士が結合し、価値を生み出すこと、そしてそれで経済を回すこと」である

▼新結合のトレーニングをし、新結合の視点や能力を養うことが重要である

▼イノベーションには、「①インベンション（Invention／発明）」→「②インキュベーション（Incubation／孵化）」→「③イノベーション（Innovation／創新）」の道がある

▼新規事業は全社の経営戦略の配下にあり、戦略に準拠している必要がある

▼自社の「新規事業の定義」を事前に理解しておくこと

1
日目

世の中に価値を提供し、したがって対価を得る

新規事業構想や開発をするにあたり、まず重要な「思考」があります。

それは「世の中に価値を提供し、したがって対価を得る」です。**重要なポイントは価値提供をしたら対価が得られるという順番です。では「価値」とは何か。それは「課題を解決すること」です。世の中にある課題を解決することが価値です。**

この世の中にある課題を解決するのがお客様の価値となり、お客様はその価値に対して対価を支払います。新規事業構想にあたり、すぐに売上や利益について考えてしまいがちですが、まずは世の中の課題を見つけ、その課題解決を考えるのが先決。それを必ず心に留めておいてください。

課題解決をしなければ対価は得られません。対価が得られなければ事業のキャッシュフロー（お金の流れ）が回りません。したがって、事業化できずその新規事業は失敗します。

とても簡単な例で、ご自身が「飲料」を販売する事業をやっていたとします。

「のどが渇いている」方々と、「のどが渇いていない」方々、飲料を購入してくださる確度が高いのは、どちらの方々でしょうか。おそらく皆さんは「のどが渇いている」方々と回答する

と思います。前者の方々は「のどが渇いている」という課題を抱えているからです。

では、のどが渇いた方々に対して、冷たいミネラルウォーターと、熱いココアを提示したら、どちらを購入してくださる確度が高いでしょうか。「冷たいミネラルウォーター」と答える方が多いと思います。「冷たいミネラルウォーター」ならすぐに課題解決ができるからです。

課題を持った方々に対し、その解決法を提供する。その価値に対して人は対価を支払うのです。簡単な例でしたが、これはとても重要です。

世の中にある大きな課題を解決すれば、大きな対価が得られます。小さな課題を解決すれば、小さな対価が得られます。どちらも課題解決をするという面では素晴らしいことです。

皆さんの中には自分は大きな課題を解決し、大きな対価を得たいと考える方も多いでしょう。その気持ちはとてもよくわかりますが、現実はそう簡単ではありません。

会社の中で新規事業を考えられている方、自己資金で事業を立ち上げたい方など、いろいろな境遇の方がいらっしゃると思います。しかし「投資金額が限られている」ということは共通しているのではないでしょうか。

皆さんは、定められた投資金額の中で、確実に世の中に価値を提供するモノやサービスを生み出さなければなりません。新規事業開発中は売上や対価は基本的に入ってきません。いわば投資案件であることがほとんどですから、お金が外に流れ出していく状況なのです。

まずは与えられた時間やお金、知識や技術で世の中に価値を提供できるものを考えましょう。

この一歩がうまくいけば、キャッシュフローが回り、次の投資ができ、より大きな価値提供ができるようになります。

次に、新規事業開発担当者のマインドセットをお伝えします。まず、基本に立ち返り、会社は給料や報酬をもらいに来る場ではなく、世の中の課題解決をする場であるというマインドセットをしっかりと持ちましょう。

課題解決するからこそ、給与や報酬という対価をもらえるのです。

先ほど述べたように、新規事業開発中は会社からお金が流れ出る時期です。したがって、会社内の新規事業開発者は、社内からさまざまな圧力を受けてしまうこともあります。

また自身で事業を立ち上げる方は、新規事業開発中に世の中から相手にされなかったり、行動に対して圧力を受けることもあります。

このとき、**自分自身を動かす原動力になるのが「世の中の課題を解決したい！」という志**です。この志がなく、対価を求めることばかり考えていると、さまざまな課題が発生する新規事業開発、その後の事業展開で気持ちが続かなくなってしまう場合があります。

新規事業構想や開発では、「世の中の◯◯の課題を解決したい！」という熱い想いをまず持つことがとても大切です。

【図 01】 新規事業開発にあたるための心得

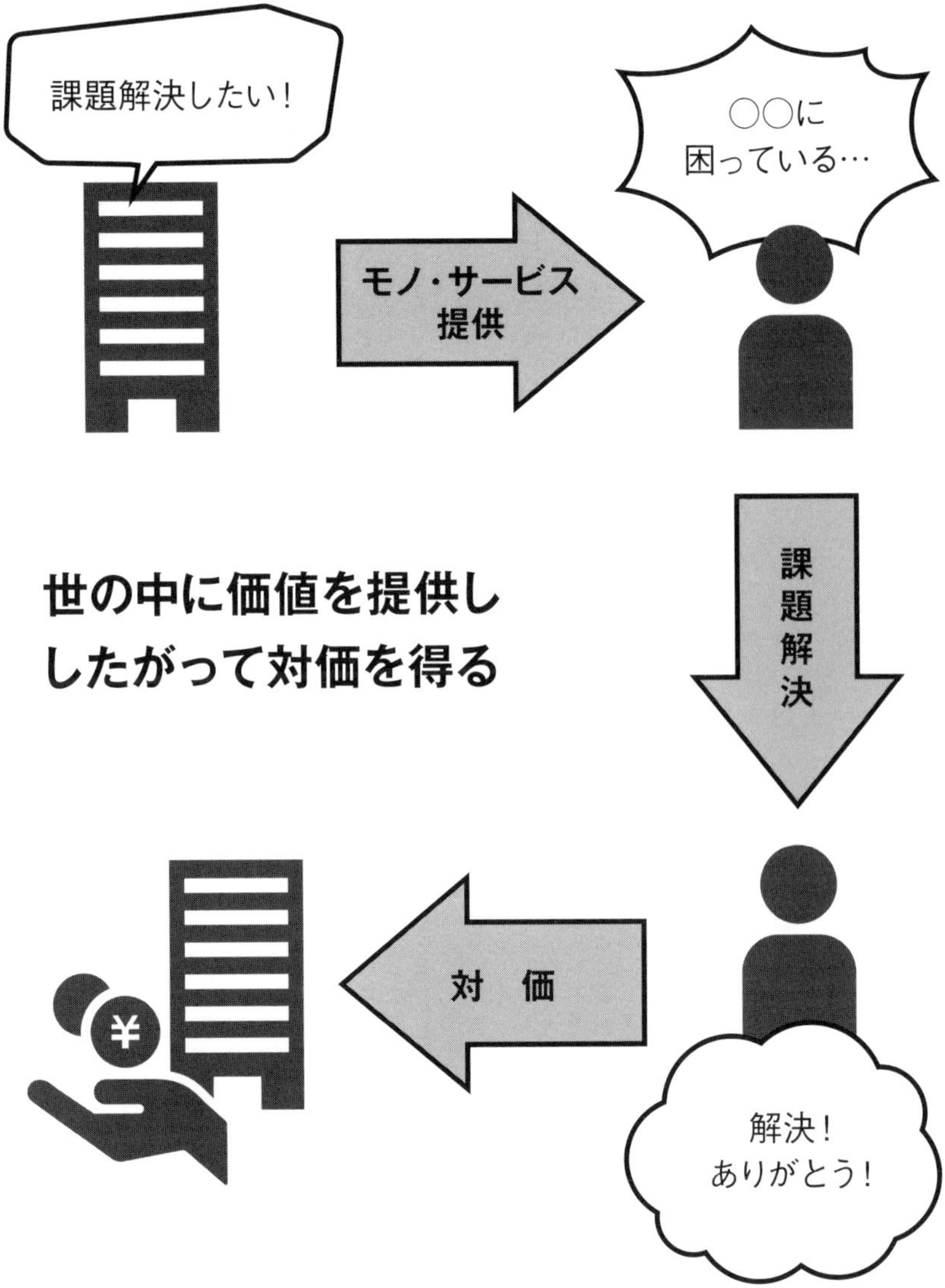

2
日目

企業の3つの活動

新規事業を考えるうえで重要な「全社的な新規事業の位置づけ」を認識しておきましょう。話を単純化すると、企業には重要な3つの活動があります。

それは、**①売上を増大させる活動、②費用を減少させる活動、③投資でさらなる売上増大と費用減少を目指す活動**です。

左の図はこのイメージを単純化させたものです。会社をトンネルと見立て、お金がトンネルに入ったり、出たりするイメージです。

企業はモノやサービスを世の中に提供し、したがって対価として売上を得ます。つまり左の図にある「売上」の部分から会社にお金が入り、モノやサービスを提供するために使ったお金が「費用」の部分から、会社の外に出ていってしまいます。

そして、売上のほうが費用よりも大きい場合、その差分が利益になります。この利益の中から次の一手の投資活動を行います。では、何に対して投資をするのでしょうか。それは、お金の入口（売上）を大きくするための活動、またはお金の出口（費用）を小さくする活動に対して投資されます。新規事業開発はこの投資活動であることがほとんどです。

【図02】企業にとって重要な３つの活動

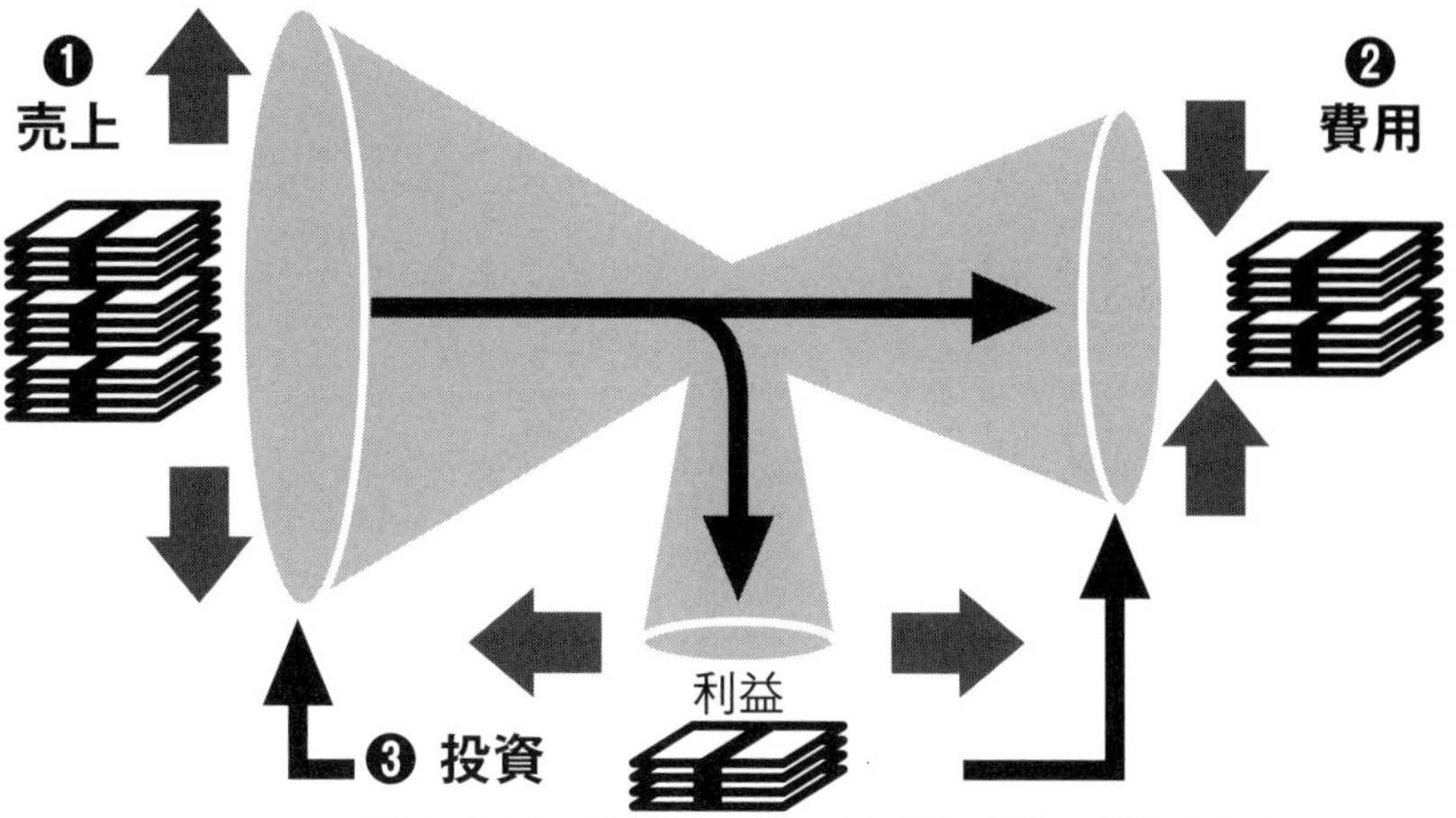

売上増加・費用最適化のために何に投資するか。
そのひとつとして**「新規事業開発」**がある。

新規事業開発を担当する皆さんは、自ら立ち上げる事業が、最終的に売上を増大させる活動なのか、費用を減少させる活動なのかを認識し、活動する必要があります。

　売上増大、費用減少のいずれも、課題解決をしなければ成しえません。

新しいモノやサービスの提供で世の中の課題を解決し、その対価で自社の売上を拡大させるのか、逆に新しいモノやサービスの提供で社内の課題を解決して費用を減少させ、そこで減少した費用の一部を対価とするのか、そのどちらなのかをしっかりと認識し新規事業を進めましょう。

3日目 新規事業の位置づけ

本書では皆さんからの要望が高い売上を増大させる新規事業構想について重点的に述べます。日本では、まだまだ「利益を上げよ」と言うと、よいイメージを持たない方がいます。利益というと「いやらしい」「強欲」「金儲け」などと思われてしまう場合があります。

しかし、**会社を運営するうえで、利益はとても重要なものです。利益がなければ会社という「場」自体がなくなってしまいます。**

あなたの会社は、世の中にある課題を解決し、価値を提供してきたからこそ存在し続けています。これからも生き残っていくには、世の中の課題をきちんととらえて解決していかなければなりません。

例えばブラウン管のテレビを製造している会社があったとしましょう。現在一般的になっている液晶のモニタに比べると、省スペース、省電力、高画質といった面においていささか見劣りがします。

もしこの会社がそれでもブラウン管のテレビを作り続けていたら、世の中にある課題を解決できず、したがって対価も得られず、会社という場の存続も難しくなることでしょう。

【図 03】 新規事業開発の位置づけ

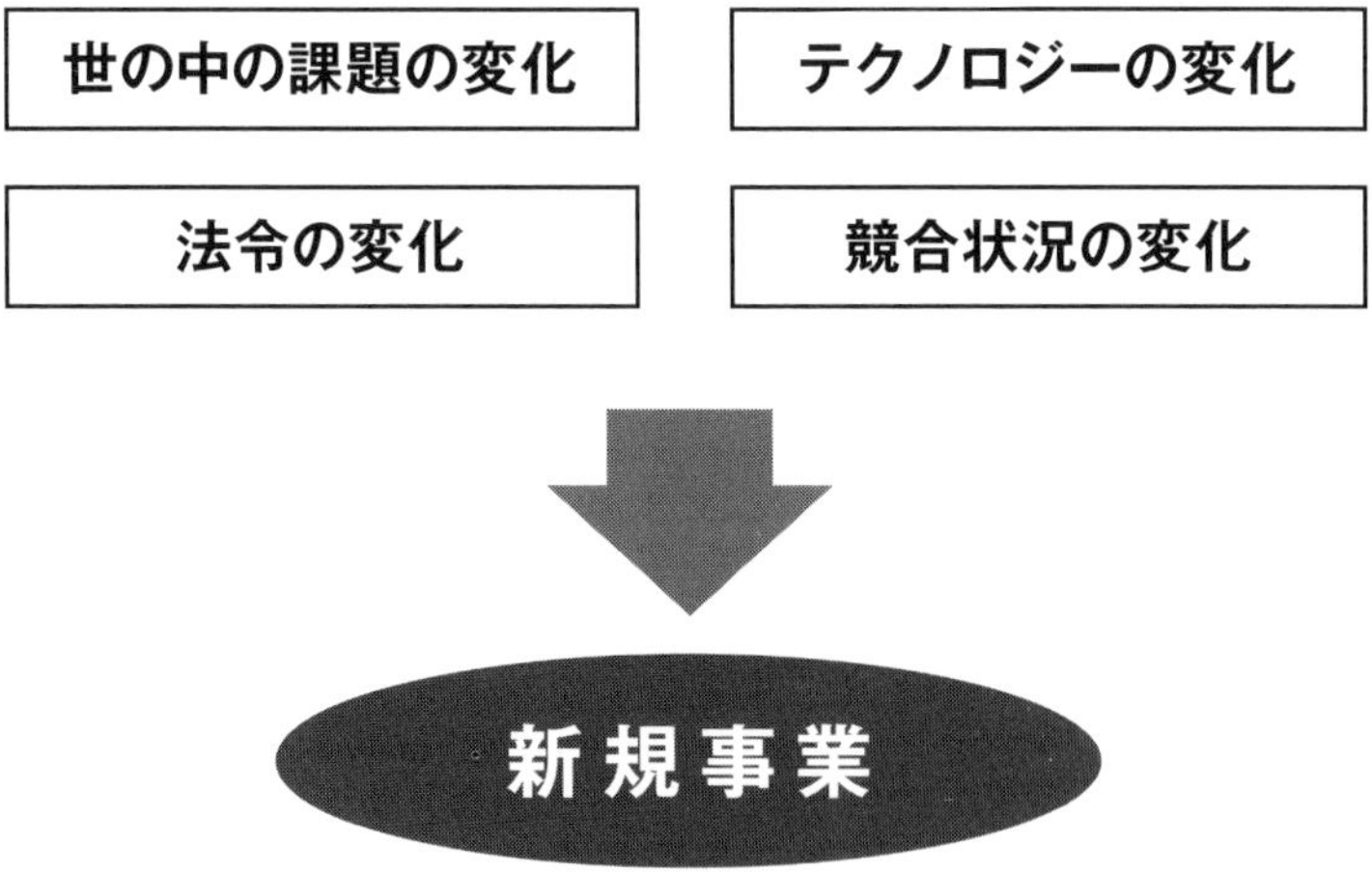

世の中は常に変わり続けています。例えば、**世の中の課題の変化、テクノロジーの変化、法令の変化、競合状況の変化など……。専門的にはこれを「外部環境の変化」と呼びます**が、この変化に適応していかなければ、世の中の課題を解決し続けるのは難しいのです。

そこで**会社は、外部環境の変化に適応するために、新しい取り組みを行います。それこそが、皆さんが着手する新規事業なのです。**会社は新しい取り組みのために投資を行うわけですが、その原資となるのがこれまで積み上げてきた利益です。会社は利益を生み出し、その一部を新規事業に投資します。

この新規事業が成功してこそ、会社が継続し、世の中に価値を提供し続けられるのです。それだけ素晴らしい活動であることを心に持ち、自信をもって活動しましょう。

4日目

すべての製品やサービスには寿命がある

新規事業の重要性を「プロダクト・ライフサイクル」の面から見てみましょう。**プロダクト・ライフサイクルとは「プロダクト」という言葉が入っているため、製品のことだけと思われがちですが、サービスも同じです。**

話を単純化すると、製品やサービスにはそれぞれ寿命があるということです。左の図はその寿命を表したものです。

新しい製品やサービスが生み出されると「導入期」という時期を経験します。

このとき、その製品やサービスが市場において知れ渡っていないと（お客様への課題解決の訴求がうまくいっていないと）、販売数は伸びず、高い売上は見込めません。

さらに販売数が少ないため、規模の経済が働かず、販売単価が高い状態になってしまいます。同じ理由で生産性も低くなり、販売数を伸ばすためにマーケティングも必要となってきます。それゆえに赤字の状況であることがほとんどです。

導入期に頑張り、お客様への課題解決の訴求がうまくいくと、次に「成長期」に入ります。

成長期には販売数量が伸びるため、売上が増加していきます。また、規模の経済が働き始め、

【図04】プロダクト・ライフサイクル

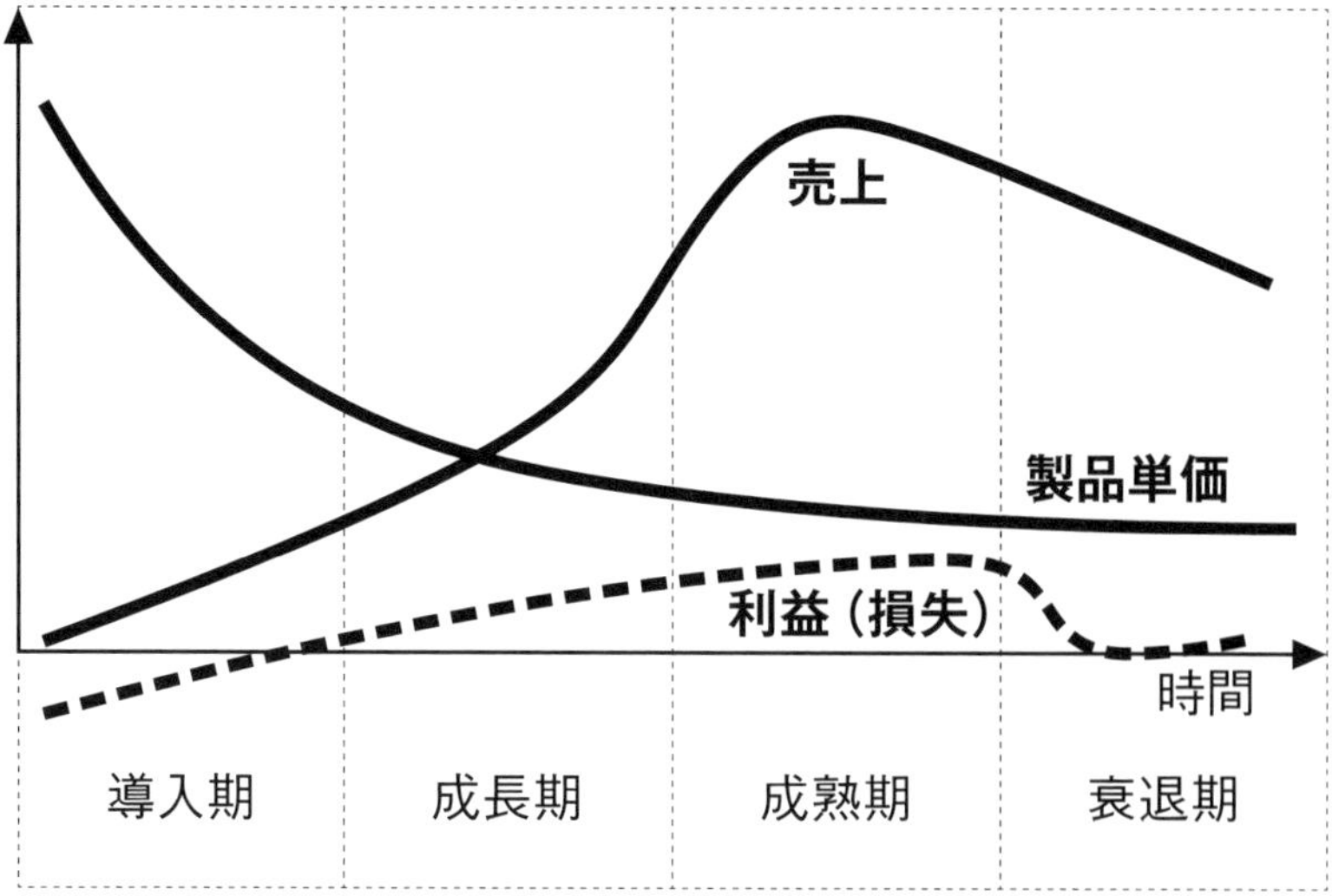

販売単価が下がり始めます。生産性も高まり、利益が増えていきます。

この時期には競合が発生します。同じような製品・サービスが他社からも発売され、競争が始まります。

競争というとネガティブなイメージがありますが、よい面もあります。**競争により販売単価が下がれば、販売数が伸びます。競合同士のマーケティング合戦も始まり、広く宣伝告知されることで商品やサービスに対する世の中の認知が高まり、販売数量が伸びたりします。**また、競争による生産性向上や品質向上などのよい面もあります。

これらの**競争を経て、成長期に生き残ると「成熟期」に入ります。**

市場において課題解決者の地位を確立し、安定的な販売を通じて、安定的な売上・利益が実現されます。このときが最も利益が多いときです。しかし、残念なことによい時期は続きません。先ほど述べたように、**外部環境の変化により、製品やサービスは「衰退期」に入ります。**

市場は新たな課題を解決する製品やサービスにシフトしていきます。当然、販売数量は下がります。しかし、販売数量が少なくなったとはいえ、販売単価は上げられません。新たな課題を解決してくれない旧製品やサービスに対して、お客様から対価は得にくいからです。したがって利益率は低くなっていきます。

5日目

事業の落とし穴「新規性と陳腐化」

プロダクト・ライフサイクルは製品やサービスの新規性と陳腐化を表しています。外部環境が変化する中で、変化し続ける世の中の課題を、新規性を持って解決していくことが必要です。しかし、その製品やサービスが一般的になっていくと、それが「当たり前」になり、さらに新規性のある製品やサービスが登場し、既存の製品やサービスは陳腐化していきます。

新規性のある製品やサービスを生み出し、それを事業化し続けるために新規事業が重要なのです。それが会社という価値を創出する場の維持・継続にもつながります。

これはＰ32の図のようなイメージです。既存事業で生み出した利益を投資して新規事業を立ち上げ、新たな事業の軸を作る。そして、そのサイクルを継続する。そうすることにより、売上・利益を維持し、世の中の課題を解決する会社という場を維持・継続させることができるのです。

さて、このプロダクト・ライフサイクルの中には大きな落とし穴があります。またその落とし穴が新規事業を難しくする場合があります。

すでに述べたように、新規事業への投資の原資は利益です。プロダクト・ライフサイクルの

【図05】成熟期の利益を次への投資に

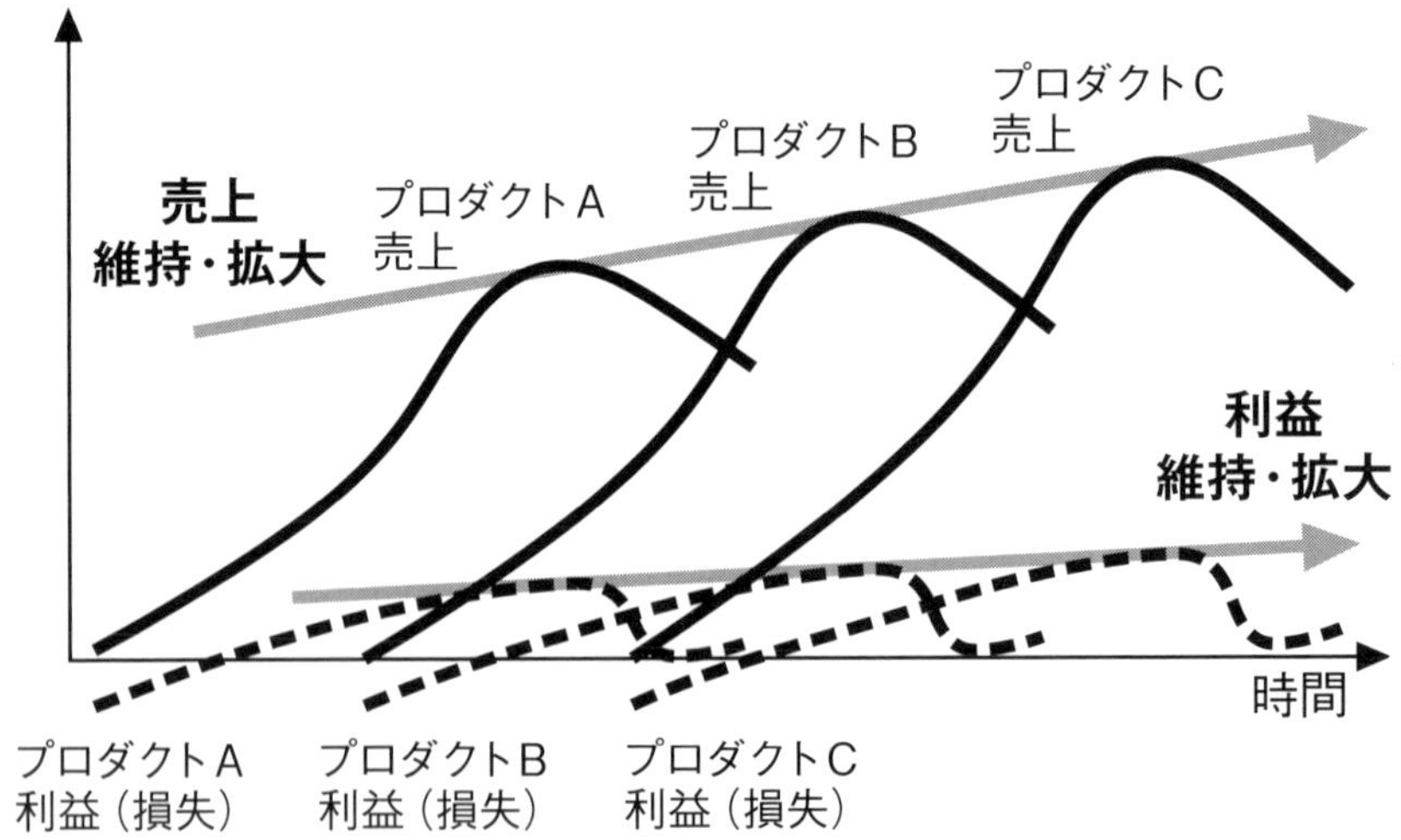

中で一番利益が創出されているのは成熟期です。本来、この利益を次への投資に回し、新しい事業の軸を生み出すのが王道です。

しかし、会社に所属している方なら経験があるかもしれませんが、「儲かっているときの会社」は新たな変化を好まない傾向があります。

今の製品やサービスで利益が上がっているのだから、なぜ新しいことにチャレンジする必要があるんだ、という雰囲気が出てきてしまう場合があるのです。

もっと簡単に言うと、現状がよいときは、現状に満足してしまい、未来のことを考えない、チャレンジしない雰囲気が出てしまうのです。

そのため**新規事業を推進しようとすると、現状を維持しようとする圧力や抵抗が起こることがあります。**

しかし、新規事業を推進される皆さんは未来を見

てください。 未来のことを考え、志を持って行動することが求められます。

素晴らしい経営者は、このことをよくわかっています。私がお会いした経営者の中で素晴らしい事業を継続されている方は、利益があがっているときほど危機感を持っています。なぜなら、その状況が続かないことを知っているからです。したがって、次の一手である新規事業を何にするのか、どうするのかという危機感を持って経営をされています。

このような経営者の危機感の中では、新規事業をいい加減な人に任せることはあり得ません。期待できる優秀な方に任せるのです。

新規事業を担う皆さんは、会社の未来を託された、または自社の未来を創造すると期待された存在なのです。

6日目

イノベーションとは

新規事業に関連性の高い、イノベーションについて見ていきましょう。

イノベーションの概念は、経済学者であったヨーゼフ・アロイス・シュンペーターが「経済発展の理論」で発表しました。

当時はイノベーションではなく、「新結合」（独：neuer kombinationen）という言葉を用いました。そして、新結合とは「生産的諸力の結合の変更」であると述べています。

つまり、**イノベーションとは、今まで結びつきのなかった要素同士が結合し、価値を生み出すこと、そしてそれで経済を回すこと**といえます。

ここで重要なのは、イノベーションとは、天から突然降りてくるようなものではなく、現在世の中に存在するあらゆる要素を組み合わせて価値を生み出すものだということです。

もっと簡単にいえば、**「この課題解決方法として、この要素と、この要素と、この要素を組み合わせたらいいのではないかな」という考えのもと、それを具現化**するイメージです。

シュンペーターは新結合の5類型という考え方を発表しています。つまり新しい価値を創造し、課題を解決し、経済を回すには、次に挙げる5つの種類があるというのです。

1. 新しい財貨の生産
2. 新しい生産方法の導入
3. 新しい販売先の開拓
4. 原料あるいは半製品の新しい供給源の獲得
5. 新しい組織の実現

シュンペーターは製品・サービスだけではなく、生産方法や市場、仕入・購買、組織など、あらゆる結合により価値を創造することができ、能動的な経済主体が生み出されるとしています。そしてこの**新結合を実現する人を、起業家（アントレプレナー）と呼んでいます。**

新規事業を担う皆さんは、この新結合の思考や観点を持ち新規事業構想をしていく必要があります。したがって、世の中の課題解決を実現する「要素」をより多く知っていることが重要です。そのためには、日々あらゆる市場や分野の知識を「要素」として吸収しておく必要があるのです。

7日目

新結合の思考を養う

新結合の思考を養うには、あらゆるものを結合させてみる「クセ」をつけることがよいトレーニングになります。**例えば、通勤電車の中で中づり広告を見て、その内容同士を結合させてどんな課題が解決されるかを妄想してみるなどです。**

中づり広告で霊園の広告があったとします。隣に学習塾の広告があったとします。皆さんだったらこの2つを結合させ、どんな価値を創造するでしょうか。

まずは簡単なところで、霊園事業者自体がセミナー形式で「終活」を支援できないか、そのためには霊園だけではなく、遺言、生前贈与、信託など金融機関や金融系コンサルタントを結合させてみてはどうかなどと考えてみるのです。

ニュースでも、街中の広告でも、デスクやオフィスの中にあるあらゆるモノで結構ですので、結合させてどんな価値が生み出されるかを考えてみましょう。

私の講義では、あらゆるモノやコトのカードを作り、そのカードを裏返しにしてランダムに2枚から3枚選び、カードに記載されたモノやコトを結合させることで何ができるかというトレーニングをしています。ぜひ能力向上に試していただければと思います。

【図 06】新結合のトレーニング

神　社	×	センサー	=	???
お　酒	×	スマートフォン	=	???
宅配便	×	パスワード	=	???
ペットボトル	×	クーポン	=	???

このカードは「はじめに」でご紹介したツール類のダウンロードWEBサイトからダウンロードいただけます。ぜひご利用ください。

ところで私は仕事柄、起業家の皆さんとお話しする機会が多いのですが、その話の中では多くの新結合が登場します。**例えば、普通の会話の中で「○○さんのところの□□の製品って、××さんのところの販売網で売ればもっと新しいユーザにアプローチできるんじゃないかな」とか、「○○さんと××さんがコラボすれば△△のようなサービスができるよね」とか、何かと何かを組み合わせて課題解決をしようとする話題が多いのです。**

本人たちが「新結合」を知っているかはわかりませんが、起業家の皆さんは「何かと何かを組み合わせて価値を創造する」という本質的なことを知っており、またそれを実践しているのです。

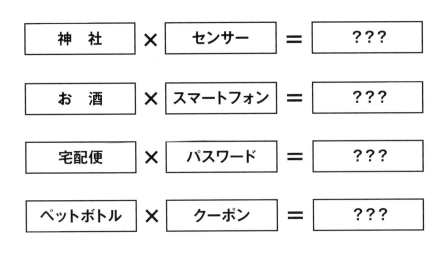

9日目

イノベーションへの道

イノベーションに至るまでには次に挙げるような道のりがあります。

それは「**①インベンション（Invention／発明）**」→「**②インキュベーション（Incubation／孵化）**」→「**③イノベーション（Innovation／創新）**」の道です。

インベンションの部分では、あらゆる要素を結合させ価値を創造する源泉を発明します。このとき発明するのは単純にモノやコトを創ることだけではありません。

それが本当に世の中に価値を提供し、お客様から対価が得られるのか。本当にそれがキャッシュフローの循環を生み出すのか。そのために、誰またはどの市場が課題を持っているのか（ターゲティング）。その方にどのように価値を訴求するのか（マーケティング）。その価値はどのように誰と生み出すのか（オペレーション・組織・パートナー・購買）。対価はどのようにいただき、費用はどのように支払うのか（経理・会計）など、発明するモノやコト自体が価値を創造する仕組みを計画し発明しなければなりません。

つまり**社会課題解決のためのビジネスモデルもすべて作る必要がある**のです。

インキュベーションのフェーズでは、このビジネスモデルを作り、市場に導入します。

このフェーズでは、計画通りにいかないことも多く、適宜ビジネスモデルを修正しながら、お客様の課題を解決し、キャッシュフローを回せるようにしていきます。

インキュベーションとは「孵化」という意味ですが、まさに卵から雛鳥が出てきて生きようとしているときです。このインキュベーションのフェーズはとてもたいへんです。

例えば、起業後の会社の5年生存率は15%というデータがあります。

また、投資家の皆さんの中では、100の事業のうち2～4事業化できることを想定しているという人もいます。

つまり、それだけ新規事業の成功率は低いのです。

だからこそ、インベンションのときのビジネスプランニングや事業計画が重要になってきます。

中には計画などあまり意味がなく、やってみなければわからないという方もいます。

確かにやってみなければわからないことは多いと思いますが、**新規事業というのは決裁後に大きな投資が実行されます。**

それだけの投資をするためには、事前に頭の中で、あるいは書面上で、その新規事業のあらゆる状況を仮想的にシミュレーションすることが重要です。

その事業は本当に投資に値する内容なのかをしっかり吟味する必要があるのです。

さて、インキュベーションのフェーズを乗り越え、安定的にキャッシュフローが回り、次の

【図 07】イノベーションまでの過程

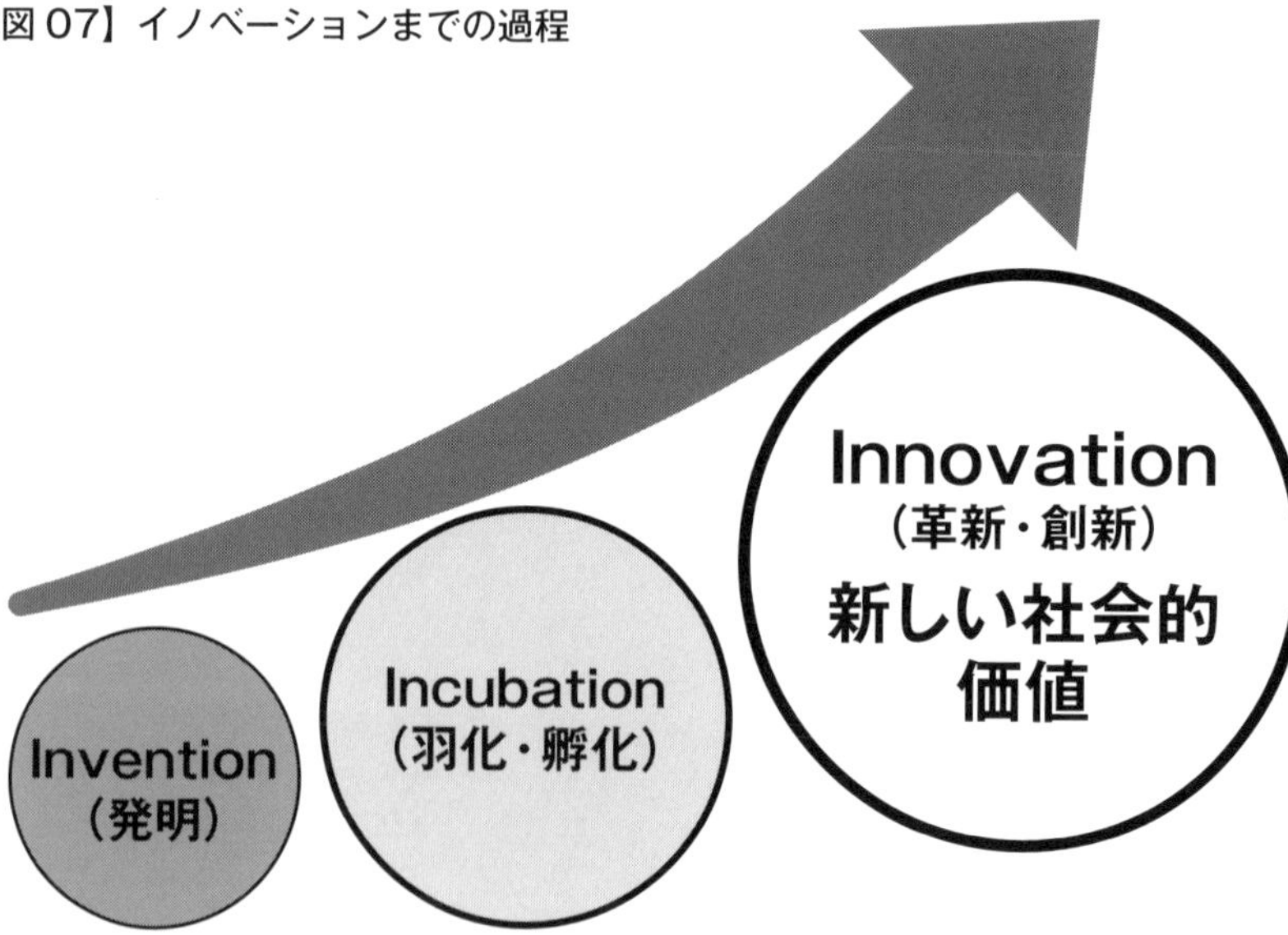

一手への投資ができるようになれば、イノベーションのフェーズに到達します。

昨今の世の中では、イノベーションの文脈を「ベンチャービジネス」ととらえ、新しい会社を設立し、最終的には企業価値を大きくするとか、大きなビジネスを生み出すなどのイメージがあります。

確かにそれも重要ですが、既存の部署の中でも、新しい部署や会社でも、課題解決の大小に限らず、キャッシュフローが大きくても小さくても、キャッシュフローがしっかりと回っていれば、イノベーションであると考え、自信をもって価値を創造していきましょう。

10
日目

自社における「新規事業」の定義を確認する

次の章より、いよいよ具体的なビジネスアイデアを考えていきますが、その前に必ず確認していただきたいことがあります。**それは自社における「新規事業」の定義を必ず確認しておく**ということです。

例えば、自社での「新規事業」とは、5年以内に売上高◯◯億円、当該事業の営業利益で継続投資ができる状態、従業員◯◯人以上、投資回収期間◯年、単年度黒字化は事業開始後◯年以内など、新規事業の定義を明確に確認しておくのが極めて重要です。

もし新規事業の定義がなければ決裁者と調整し合意のうえ、進めていきましょう。

これを明確にせずに新規事業構想を進めてしまうと、懸命に頑張ったにもかかわらず、そのアウトプットが経営層のイメージと異なっており、決裁が得られないという悲しい状況になりかねません。

よくある事例が、事業規模が決裁者のイメージと相違していて決裁が得られないことです。

例えば、決裁者は事業開始から5年で売上高10億円を超えるものを新規事業と考えているのに、皆さんが提出したのが売上高1億円の事業だったとしましょう。すると、それぐらいの売

上規模ならば、既存の事業部でやればいいだろう、となってしまう可能性があります。

同じくよくあるのが新規事業と新製品・サービス開発が同義となってしまうこと。自社の中で新製品・サービス開発と新規事業開発の違いを明確にしてください。

話を単純化すると、事業とはある一定の目的のもとに継続的に、組織・会社・商店などを経営する仕事です。

つまり、継続性をもって目的達成のために活動するのが事業です。この事業を推進するために製品やサービスが必要なのです。

先にも述べた「企業における3つの活動」も、行われる目的は同じです。もっと簡単に説明すると、製品やサービスとは事業を推進し、価値を提供するための手段なのです。

会社によって文化は異なりますから、新製品やサービスを開発することを新規事業と呼ぶこともあるでしょう。ただ一般的には新製品・サービス案だけでは新規事業とは呼びません。

新しい事業単体で一定の売上・利益規模があり、利益を次の一手に投資でき、継続自走できるのが新規事業です。自社の新規事業の定義を確認せずに、新製品・サービス案のみを提出してしまい、事業の戦略やビジネスモデル、運営手法などがなく決裁が得られない状況にならないようにしましょう。

新規事業構想には産みの苦しみがあります。その中で皆さんは、懸命に世の中の課題を解決する価値を見つけていくことになります。

それだけたいへんかつ重要な活動ですから、経営層や決裁者と新規事業開発担当の視点や視座のもともとのズレにより決裁が得られず「一からやり直し」という悲しい状況にならないように事前に新規事業の定義を明確にしましょう。

PART2.

新規アイデアを考える

▼新ビジネスアイデアには「やりたいこと」「できること」「世の中のためになること」が含まれていることが望ましい

▼新ビジネスアイデアは「6W2H」を明確に策定すること

▼ビジネスアイデアには「新製品」と「新ビジネスプラットフォーム」がある

▼発想に詰まったら「マトリックス発想法」や「チェックリスト発想法」などで新しい気づきを得る

▼大企業・中小企業の特徴を考えた戦略的思考でアイデアを考える

▼新ビジネスアイデアが顧客ニーズ志向か技術シーズ志向かを知っておくこと

▼新規事業には「型」があり、それぞれの型で新規事業の難易度が異なる

▼新ビジネスアイデアには「メガトレンド」と「コア・コンピタンス」を組み込んでおく

▼プレ市場調査を実施し、新ビジネスアイデアの時点で現実に直面し市場の反応を見ること。そして、今後に有用な情報を積極的に得ること

11日目

新規事業の必要最低条件は「やりたいこと」「できること」「世の中のためになること」

新規事業のアイデアの考え方について学んでいきましょう。いわゆる「新規事業構想」です。では これから構想していくうえで、重要なポイントを先にお伝えしましょう。

それは**「やりたいこと」「できること」「世の中のためになること」の3条件をすべて満たしてこそ、新規事業構想はうまくいく**ということです。

この3条件のうちひとつでも欠けてしまうと、新規事業構想は途中で頓挫してしまう可能性が高くなります。なぜならば、その構想では新規事業を継続的に進める「力」が出ないためです。詳しく見ていきましょう。

まず「やりたいこと」が含まれていない場合を考えてみましょう。簡単にいえば「あなたは、自分がやりたくないことを、ずっと続けていけますか?」ということです。

新規事業を進めていく際には、往々にしてさまざまな壁が立ちはだかります。

例えば市場調査の結果が悪い。新しいことを嫌う社内の反対勢力に足を引っ張られる。事業をスタートさせたものの、立ち上がりの実績が想定していたよりも低い。想定もしていなかった出来事の連続に、心が折れそうになることもあるでしょう。

だからこそ、ビジネスアイデアの中に自分が信念を持って取り組める「やりたいこと」が含まれていることが望ましいのです。

次に「できること」がビジネスアイデアに含まれない場合です。個人・法人の双方についていえますが、現実問題としてそうした事業を継続させていくのは困難です。

例えば、AI（人工知能）に関する知見がまったくない人が、AIについてよいビジネスアイデアを考えたとします。

アイデアを出すこと自体はよいのですが、もしこのときAIについて深い知見を持つ人が同じようなアイデアを出していたとしたらどうでしょう。

おそらく、あっという間のスピードで追い抜かれ、先に事業化されてしまうでしょう。しかも自分たちよりもっと高いクオリティで。

そもそも「得意でないこと」は、新規事業としての実現可能性に問題があります。

「コア・コンピタンス」（他社には真似のできない価値を提供する、中核的な能力）あってこその新規事業構想だというのも、忘れてはいけないことのひとつでしょう。

最後に「世の中のためになること」が含まれていない場合です。これはキャッシュフローが回りません。

簡単にいえば、いくら「やりたいこと」「できること」であったとしても、世の中に価値を提供できないモノやサービスはそもそも新規事業にはならないのです。

この視点の重要さは、音楽家を例にとると、とてもよくわかります。

自分が「プロのミュージシャンになりたい！」と思ったとしても、そもそも演奏ができなかったり、そのクオリティが低かったりすればプロとして生活していけません。

演奏が得意だったとしても、やりたくもないジャンルの音楽を演奏し続けるのは、いくら仕事とはいえつまらないものです。事業として継続していくのは、なかなか難しいと思います。

そして、いくらやりたいジャンルの音楽を得意な演奏で奏でたとしても、オーディエンスである聴き手に興味をもってもらわなければ、対価を得ることはできません。

【図 08】 新事業構想のための３要素

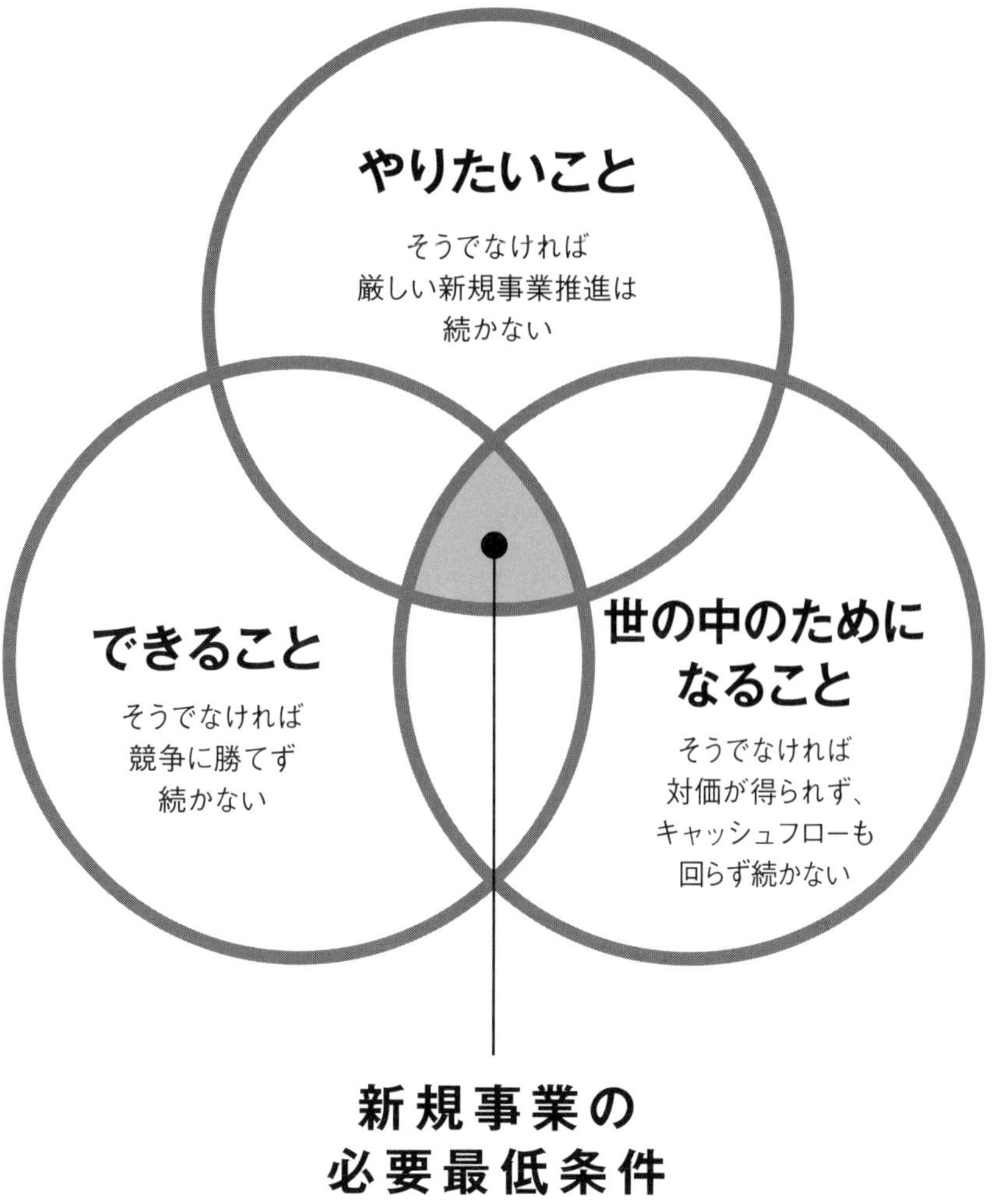
やりたいこと
そうでなければ
厳しい新規事業推進は
続かない
できること
そうでなければ
競争に勝てず
続かない
世の中のために
なること
そうでなければ
対価が得られず、
キャッシュフローも
回らず続かない
新規事業の
必要最低条件

12日目

チームで「やりたいこと」「できること」「世の中のためになること」をもつ

この話を講義でするると、「チームで新規事業をする場合、主要メンバー全員が3つの要素をすべて有していなければなりませんか?」という質問を受けます。

答えとしては、可能な限り全員がこの3つの要素を持っているのが望ましいです。全員が持っていればいるほど、新規事業の成功率が高まると考えていただければと思います。

具体的に説明します。

まず「やりたいこと」ですが、**チームでビジネスアイデアを考える場合、少なくとも大枠として「やりたいこと」をテーマに議論し共通の部分を探してください。**

例えば、獣医療の課題を解決したい、介護業界で仕事をする方の課題を解決したいなどの大枠の想いです。

「できること」ですが、**チームでビジネスアイデアを考える場合、チーム全体で持つ能力としてとらえてください。チームメンバー一人ひとりが能力を補完し合うのです。**

新規事業にはあらゆる「機能」や「知識」が必要になります。

例えばマーケティング、購買、開発・製造、会計、労務、ＩＴ、オペレーションの知識や技術……。新規事業の規模が大きくなればなるほど深い見識や知見が必要になります。

すべての機能をチームメンバーで補完することができない場合は、パートナーや社内組織の助けを得ることができるかを考えていきましょう。ただし、新規事業の中核となる知識・技術・能力についてはチームメンバーの誰かが必ず有している必要があります。

例えば、昨今、ビジネスアイデアを私に見てほしいというご依頼を受けることがあります。ＷＥＢを活用したマッチング系のビジネスアイデアが多いのですが、主要チームメンバーにＷＥＢを制作できる人がいないことがあります。ＷＥＢは外部のパートナーに任せるというのです。

もちろんそれでもよいのですが、外部のパートナーにしっかりと指示やコントロールできる知識や技術を持ったメンバーがいないとうまくいきません。

「世の中のためになること」については、**チームメンバー全員が「このアイデアは必ず○○の課題を解決し、世の中の価値になる」と思うビジネスアイデアでなければなりません。**その全員の想いがひとつのモノやサービスとなります。

ビジネスアイデアを考えるにあたり、「３つの要素が入るものを見つける」という意識で取り組んでください。

13日目

最低限必要な「新規事業の6W2H」

新規事業アイデアは1つ考えればそれが実現するというものではありません。全社の経営戦略に準拠し何ができるのか、何をする必要があるのか、それは新規性があるのか、どんな要素の結合で価値を提供するのか、それはできること、やりたいこと、そして世の中のためになることなのかなど、多角的に考え検討する必要があります。

新規事業アイデアとは針の穴に糸を通すようにそれらの条件をクリアし、成功する要素が含まれているモノやサービスを可能な限り見つけ出すようなものなのです。しかし、時間は待ってくれません。この瞬間にも他社や他者が世の中の課題を解決するために動いているのです。だからこそ、**まずはできるところから、多様な「アイデア出し」が必要**なのです。

「アイデア出し」の段階で事業計画書のような重厚なものを作る必要はありません。しかし、ビジネスとして最低限必要な要素を考えアウトプットする必要があります。

最低限必要な要素とはビジネスの6W2Hです。左のような表（ビジネスアイデアシート）を作り、そこにビジネス要素を埋めていきましょう。では、詳しく要素を見ていきましょう。

【図 09】ビジネスアイデアシート

ビジネス名	【記入解説】ビジネス名を記載してください
What（何を）	【記入解説】当該ビジネスアイデアは何をやるのか。その製品やサービスなどを記載してください。また、その製品やサービスの「コア・バリュー」（世の中に提供する価値の核）を記載してください
Why（なぜ）	【記入解説】なぜそのビジネスをやるのか。ビジネスアイデアを実施する理由を記載してください。特に、当該ビジネスアイデアで解決できる具体的な課題を記載してください
Who（誰が）	【記入解説】当該ビジネスは誰がやるのかを記載してください。当該ビジネスアイデアが自分たちだけでできない場合、どのような人や企業や組織とともに行うのかを記載してください。また、当該ビジネスアイデアに特定の知識、技術、経験が必要な場合、あわせて記載してください
Whom（誰に）	【記入解説】当該ビジネスで生み出された製品やサービスは誰に対してのものなのかを記載してください。また、どういった課題を持つ個人や法人や組織に対するものなのかを記載してください
Where（どこで）	【記入解説】当該ビジネスはどこで実施するものなのかを記載してください。ターゲットの市場、国、業種、業態などを考慮し記載してください
When（いつ）	【記入解説】当該ビジネスはいつ始めたいのかを記載してください。また新規事業開発中にいつ何をやるのかを記載してください
How（どのように）	【記入解説】当該ビジネスの製品やサービスをどのように生み出すのか、そのプロセスを記載してください
How much（いくら）	【記入解説】当該ビジネスの製品やサービスを生み出すのにいくら必要なのかを金額で記載してください（初期投資額） 当該ビジネスの製品やサービスが生み出され運営していくためには初年度～5年目までにどのくらいの経費がかかるか予定を記載してください（経費） また、当該ビジネスの製品やサービスが生み出された後、初年度～5年目までにどのくらいの売上が発生する予定かを記載してください（売上）

【What（何をするのか）】

新規事業で何をするのかを簡潔に記載しましょう。

例えば、「オンライン完結型でプロジェクトマネジメントの資格が取得できるビジネスプラットフォームを構築し、時間と場の制約のない学びの場という価値を提供する」などの簡潔な文書でもかまいません。

【Why（なぜするのか）】

なぜそれをやる必要があるのかを簡潔に記載します。重要な点は「どんな課題が市場にあるのか」「その課題に対してどのような価値を提供できるのか」という要素を記載することです。

例えば、「プロジェクトマネジメントの資格を取得する際の研修や学習の場／現状において試験は主要都市のみで実施されており、学習機会の地域格差課題が発生している状況／オンライン完結型の学習および受験プラットフォームを構築することにより、時間と場所の制約がない学習の機会という価値を提供でき、したがって学習機会の地域格差の課題が解消できる」などです。

【Who（誰がやるのか）】

新規事業を誰が進めていくのかを記載します。重要なのは新規事業を推進する人や組織

（チームの場合はチームメンバー全員）の新規事業に関連する知識や技術を簡潔に記載することです。

例えば、「田中一郎／PMP®、MBA／主要能力：中小企業経営、新規事業開発、WEBマーケティング、通信販売事業構築……。佐藤和江／PMP®／主要能力：顧客対応、事務局運営、法務……」というようなものです。重要なポイントは、新規事業を推進するために必要な能力が自分やチームに備わっているか、何が足りないのかを把握することです。

【Whom（誰に対してやるのか）】

価値を提供する相手を明確にしていきます。違う角度で見れば、課題がある相手を明確にするということです。マーケティング的な視点ともいえます。このターゲットについてはビジネスプランでより細かくしていきますが、現段階で価値を受け取る相手を可能な限りイメージがわかるように具体的に記載していきましょう。

例えば、「個人：東京・大阪・名古屋・福岡以外の居住者／20代、30代のビジネスパーソン……。法人：売上高30億円未満の中小企業／IT企業、サービス業……」などです。

【Where（どこでやるのか）】

新規事業を実行する地理的な場所の他に、会社内のどの組織でやるのか、どの市場でやるのかなどを簡潔に記載しましょう。**例えば、「本新規事業は東京本社で行う。所属は教育研修事業部とする。新規事業は教育研修市場に対して行うこととする」などです。**

【When（いつやるのか）】

新規事業をいつから始めるのかを明確化する他に、いつに何をやるのかの概要を簡潔に記載しましょう。**例えば、「新規事業開発開始：20××年4月開始」「要件定義／20××年4月～6月、eラーニングシステム開発／20××年6月～12月……」などです。**

【How（どうやってやるのか）】

本新規事業をどうやって実現させるのか、その方法を簡潔に記載します。まず、大枠として、何と何の要素を新結合させ価値を創造するのかを簡潔に記載します。そして、新規事業に必要な要素を特定し、それをどう実現させるかという視点を持って記載してください。

例えば、AとBとCの新結合の場合、Aは通信販売部のマーケティングの仕組みを利用、Bは教育研修部の商品開発の仕組みを利用、Cは○○社のITシステムを利用するなどと考えます。これにより、新規事業に必要な要素の実現可能性を簡単に考えることができます。

例えば、「既存の民間資格運営方法と通信販売におけるITプラットフォームを結合させ価値を創造します」「eラーニングシステム：○○社のオープン系システムを基礎とし、○○社

の決済システムを連結させ……／マーケティング：BtoC（企業・消費者間取引）はSEO、リスティングを主体とする。BtoB（企業間取引）は既存の取引企業に対して担当営業と連携し、本サービスを提案し……」などです。

【How much（いくらかかるのか）】

新規事業開発の初期投資額や、運営開発後1～5年の売上や経費がいくらになるのかを簡潔に記載します。このときに重要なのは、どこまでの費用が初期投資額になるのかをあらかじめ確認して決めておくことです。新規事業開発が終わり、新製品やサービスをリリースしてからすぐに黒字になることはあまりありません。したがって、初期投資の範囲が、製品やサービスの開発までなのか、テスト事業運営も含め特定の売上を特定の期間で達成するまでなのか、営業利益が安定的に○○パーセントになるまでなのかなどをあらかじめ確認し決めておく必要があります。

また、How muchの部分では先ほどHowで分解した要素それぞれにいくらかかるのか内訳を簡潔に記載することも重要です。

例えば、「新規事業開発総コスト：××××万円」「人件費：××××万円／eラーニングシステム：××××万円／地代家賃××××万円……」などです。

14日目

新規事業、6W2Hの「100本ノック・トレーニング」

このビジネスアイデア出しは期間を決めて集中して実施しましょう。

どれくらいビジネスアイデアを出すのですか？　とよく聞かれるのですが、私が推奨しているのは50～100です。少なくとも30以上は考えてください。

新規事業を生業にしている人であっても、5年以上継続し価値創造ができる事業は数パーセントから十数パーセントです。真剣にやりぬいてこの率です。つまり、アイデア出しの状況で集中し可能な限りアイデアを出し、一番光るものを採用するのが、重要になるのです。

次に、**アイデアを多く出すということには違う効果もあります。例えば100個のアイデアの中で、あるアイデアと別のあるアイデアを新結合させると、とても現実的なビジネスアイデアになったりします。**素晴らしいアイデアは、「ワクワクする気持ち」を生み出します。そして「今すぐにでもやりたい」という気持ちが抑えられないほど個人またはチームで盛り上がるものです。「ワクワクする」「やりたい」「やりたい！」という気持ちは、あらゆる制約の中で「どうやったらできるか」を考える原動力にもなります。「世の中に価値を提供するのだ」という強い意志を持ってチャレンジしましょう。

16日目 新製品VS新ビジネスプラットフォーム

アイデア出しに困ったときに役立つ発想法をいくつかご紹介しましょう。6W2HのWhatとWhyを発想する参考になるものです。

まず、1つ目が新製品と新ビジネスプラットフォームからとらえる発想法です。特定の世の中の課題を解決するのは何も製品だけではなく、最近では「コト消費」という言葉があるように形がないサービスやコトで解決できる場合もあります。

仕組みや場によるビジネスプラットフォームの提供も課題解決における価値のある新規事業になりえます。

例えば、ある地点から地点に素早く移動し、人と会いたいという課題が世の中にあるとします。その解決のためには、人が高速移動できる製品を創るという発想もありますし、すでにある製品やシステム、インターネットを組み合わせ、映像型のコミュニケーションプラットフォームを提供するという発想もできるでしょう。

また、人手が足りないという課題を持つ会社に対してなら、ロボットを提供するといった発想ができますし、クラウドソーシングや「企業と人のマッチングの場」というビジネスプラッ

トフォームを提供するという発想もできます。

ところで、皆さんが普段使われている電子決済系ICカードは、小銭を持つ必要がなく支払いが楽というような、その製品独自の価値を提供しています。今日では、その利用データを企業が分析し、マーケティングや新サービス開発、需要予測などの価値を企業にもたらすようになっています。

現在では当たり前の野菜の通信販売なども、野菜という商品はそのままで、流通経路や流通手段、マーケティングやインターネットによるマッチングなどのビジネスプラットフォームを再構築することで価値を創造しています。

宅配会社のメンバーシップのビジネスでは、宅配会社に個人情報を登録しておくことで宅配が届く前にメールで知らせてくれたり、配達希望時間を指定できたりすることで、不在票対応や時間の有効活用といった課題を解決しています。

宅配会社では、昨今話題になったように、通信販売市場の拡大にともない、配達個数が増え、さらに採用難というご時世もあり、ドライバーの待遇改善のために配送料金などの値上げに踏み切りました。再配達による作業量増加やそれにともなう逸失利益も課題でした。

このメンバーシップの仕組みは、消費者側の課題と配達会社側の課題をひとつのプラットフォームや仕組みで解決できる価値を生み出しています。

皆さんの会社、もしくは皆さん個人で製品が得意、サービスが得意というのがあるとは思いますが、アイデア出しの際は、モノとコト、製品とビジネスプラットフォームなど、あらゆる手段で課題が解決できないか考えてみてください。

そしてモノとモノ、モノとコト、コトとコトなどを新結合させて新たな発想と気づきを得てみてください。

17日目

マトリックス発想法

会社での新規事業の場合、会社にすでにある資源や能力を活用した新規事業を求められることが多くあります。

その場合、**マトリックスを活用し、新結合を発想する**のもひとつの方法です。

マトリックスとは、P64の図のようなものです。縦軸と横軸に結合したい要素を置き、それぞれの要素が重なり合った部分に結合された要素が記載されます。

このマトリックスの大切なところは「軸」を何にするかという点です。ビジネスアイデアに悩んだら、いろいろな軸を当てはめて新結合を探してみましょう。

後ほど詳しく説明しますが、新規事業構想には顧客ニーズ志向と技術シーズ志向があります。**顧客ニーズ志向はお客様の顕在化しているニーズや潜在的なニーズを最初に認識し、その課題を解決するためにどうすればよいかという点から発想する新規事業構想パターン**です。このパターンの場合、お客様のニーズが先にあるわけです。私が推奨している志向はこれで、現在まで説明してきた考え方の基本となります。

もうひとつのパターンは技術シーズ志向です。これは、自社や自分の技術で世の中の何かの

課題を解決できないか、役に立てないかという点から発想する新規事業構想パターンです。もしもビジネスアイデアにつまったら、技術シーズ志向で考えてみることもひとつです。顧客ニーズ、技術シーズをそれぞれ軸にしてみるのもよいでしょう。

どのように発想するか、簡単に見ていきましょう。

一番簡単なところで、自社や自分の事業を横軸と縦軸に同じく設定してください。**例えば、教育研修事業部、コンサルティング事業部、システム開発事業部の3つがあったとします。横軸と縦軸で同じ事業部が重なる部分は塗りつぶしておきます。教育研修事業部とシステム開発事業部を結合させるとどんなことができるか、と発想してみましょう。すると、eラーニング事業、人事教育AIシステム事業、ナレッジマネジメント事業などのアイデアが出てきます。**

では、自社や自分の機能的能力や技術を軸にしてみたらどうでしょうか。

この場合はすでに事業化されているものも起案できてしまいますが、それもいったん書き込んでしまい、あとですでにあるもの、まだないものを仕分けすればよいのです。

例えば、オンラインマーケティング、教材制作、営業、要件定義、法務、経理、システム開発、倉庫管理など多種多様なものがそれぞれの軸に入ってくると思います。

教材制作を軸に見て他の要素と組み合わせると、営業や要件定義方法、法務や経理、倉庫管理などの教材を製作できる能力が、自社あるいは自分にはあるとわかってきます。また要件定

【図 10】マトリックス発想法

	教育研修事業部	コンサルティング事業部	システム開発事業部
教育研修事業部		?	?
コンサルティング事業部	?		?
システム開発事業部	?	?	

事業要素＼課題	人財採用	コスト削減	生産性向上
教育研修事業部	?	?	?
コンサルティング事業部	?	?	?
システム開発事業部	?	?	?

義を軸として他の要素と組み合わせると、教材制作や営業、法務、経理、システム開発などの要件定義をコンサルティングで行うという可能性が見えてくるのです。

ここまでは、技術シーズ的な志向でマトリックスの軸を設定しましたが、ここに顧客ニーズや課題をひとつの軸に設定してみたらどうでしょうか。

例えば、ある特定の市場で事業を営む多くの会社の課題は、人財採用、コスト削減、生産性向上だったとします。これをひとつの軸とし、もう一方の軸に例えば先ほどの教育研修事業部、コンサルティング事業部、システム開発事業部などの要素を設定します。

このマトリックスでもすでに自社や自分で事業化しているものが起案されてしまうことがありますが、まずはすべて書き出し、後ですでにやっているものと、これからできるものを仕分けしてください。

簡単なところとして、教育研修事業部で時代のニーズに合わせて生産性向上のための教育研修を事業化するとか、人財採用のコンサルティング事業を新たに始めるとか、新しい発想が出てくると思います。

お客様の課題をより具体化・詳細化したり、もう一方の軸を資源や能力、技術などに設定したりすることで、さらに新たな発想が得られると思います。

勘の鋭い方はもうお気づきだと思いますが、マトリックスは2つの組み合わせで発想する方法です。ここから発展させて、いま組み合わせたものに、新たな要素を軸として組み合わせて発想していけば、さらに価値のあるものが生まれ、実現可能なものが浮かび上がってきます。

マトリックス発想法はあくまでも発想のきっかけであり、新規事業構想としてさらに具体化するために要素を付け加えていってください。

また、自社にない要素は外部から調達するという発想を持つとよいでしょう。

ただし、すでに記載したように、ビジネスアイデアの主軸（コア）となる要素は自社や自分の資源や技術を活用することを強くお勧めします。

18日目

チェックリスト発想法

チェックリスト型の発想法をご紹介します。

この方法は主に既存製品やサービスから新規事業を生み出そうとするとき、新たな視点や考え方を既存製品やサービスに結合させることで強制的に発想を生み出す方法です。

この分野でとても有名なのはオズボーンリスト（アレックス・F・オズボーン）です。このリストの他、さまざまな視点や考え方を結合させることもあります。P68の図はこれらをまとめたチェックリストです。

このリストはどちらかというと、技術シーズ志向の要素が強いものですが、顧客ニーズ志向で利用する場合は、対象となる顧客ニーズや課題を明確にしたうえで、チェックリストの視点や考え方と結合させて解決できないかという思考で利用しましょう。

例えば、パソコンをより「縮小」できないかという発想から、今では当たり前のものとなっていますが、ノートPC、タブレット、スマートフォンとなったりします。

他には、掃除機のモーターや空気を操る能力を「転用」して、ドライヤーや空気清浄器となったりします。

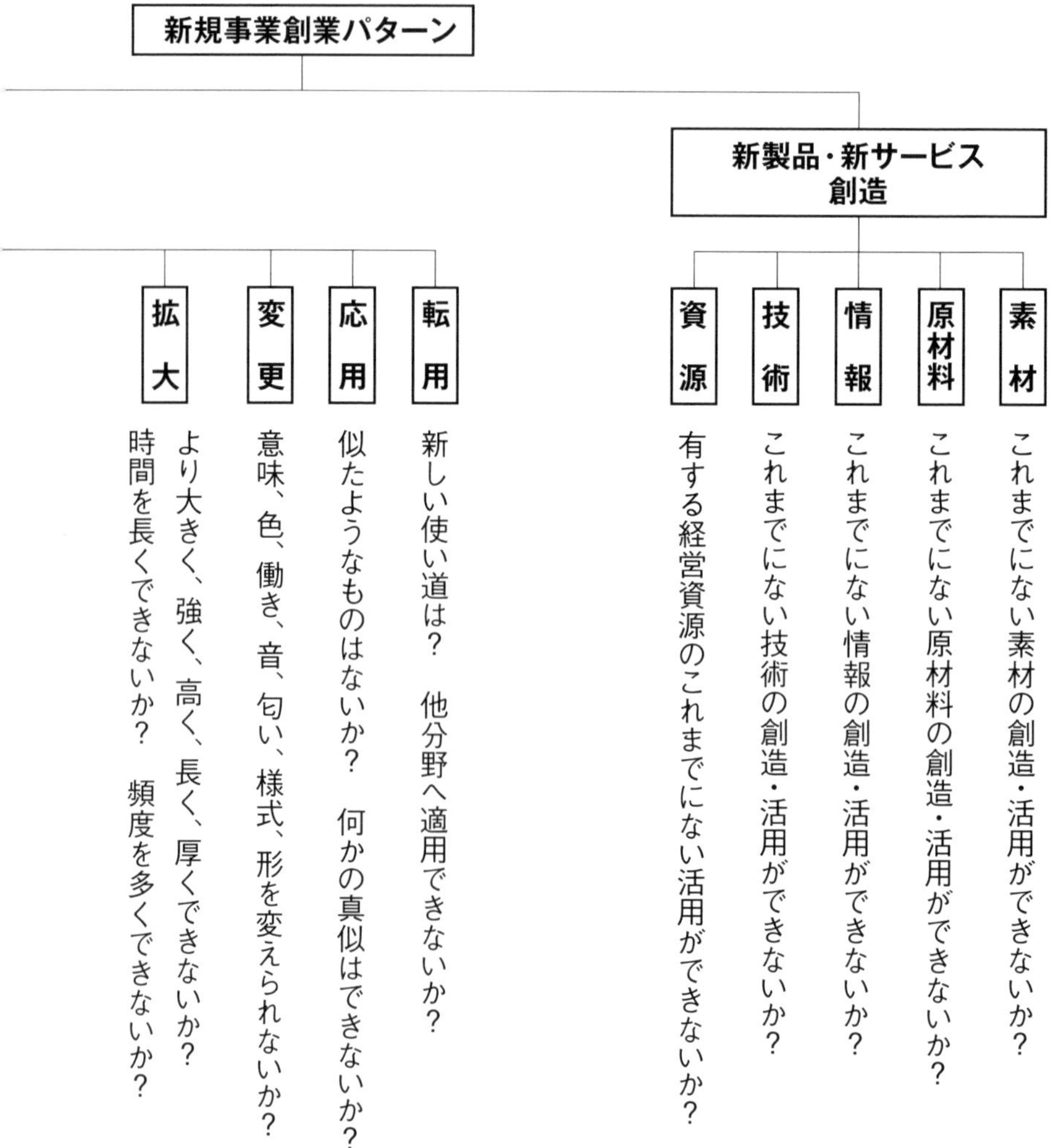
新規事業創業パターン
新製品・新サービス創造
素材
これまでにない素材の創造・活用ができないか？
原材料
これまでにない原材料の創造・活用ができないか？
情報
これまでにない情報の創造・活用ができないか？
技術
これまでにない技術の創造・活用ができないか？
資源
有する経営資源のこれまでにない活用ができないか？
転用
新しい使い道は？　他分野へ適用できないか？
応用
似たようなものはないか？　何かの真似はできないか？
変更
意味、色、働き、音、匂い、様式、形を変えられないか？
拡大
より大きく、強く、高く、長く、厚くできないか？
時間を長くできないか？　頻度を多くできないか？

【図 11】チェックリスト

既存製品・既存サービス
新しい付加価値

- **縮小**　より小さく、弱く、軽く、短く、薄くできないか？ 省略・分割ができないか？ 何か減らせないか？
- **代用**　人を、物を、材料・素材を、製法を、動力を、場所を、代用できないか？
- **再利用**　要素を、型を、配置を、順序を、因果を、ベースを変えたりできないか？
- **逆転**　反転、前後転、左右転、上下転、順番転、役割などを転換してみたらどうか？
- **コスト**　これまでにない低コスト化、または高コスト化してみたらどうか？
- **スピード**　時間を短くしたらどうか、時間を長くしたらどうか？
- **仕組**　新しいこれまでにない仕組み化をしたらどうか？
- **多様**　新しい市場やターゲットに対し多様性化をしたらどうか？
- **結合**　合体、混ぜ合わせ、組み合わせたらどうか？

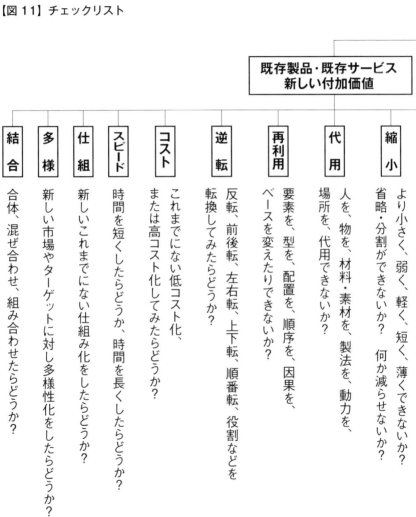

採用難の現代で、採用のプロセスを「再利用」の発想で順序変更や因果変更できないかと考えれば、スカウト制や、逆指名制で採用するビジネスになったりします。

「結合」は新結合で説明しましたが、例えば、同じものを結合させてみたらどうでしょうか。これも簡単なところで、ドア自体に小さなドアを結合させてみるのです。ペットが出入りする小さなドア付きのドアが発想できます。同じ商品を2つ以上のセットに「結合」するという発想も浮かんできます。

その他にも、例えば、今までお客様が必要なときだけ買いに来る店舗を会員制や組織制などの「仕組み化」にしたり、今まで属人化していた冠婚葬祭のプロセスを「仕組み化」を通じて誰でも対応できるようにし、消費者に明確に提示したりしたらどうなるか。お客様が忙しい年末年始に年賀状に関するプロセスの「スピード化」をしたらどうなるか。あらゆる視点をチェックリストにして発想を得てください。

なお、このリストはあくまでも例です。ご自身でこういった視点も結合させたいというものがあれば、ぜひチェックリストに追加してみましょう。

ここまで、新ビジネスアイデアの発想に困ったときに利用できる発想法を紹介してきました。私の講義やコンサルティングなどで、その他にお伝えしていることでは、**「○○できない××があったらどんな価値が提供できるだろう」という発想**があります。

例えば、「字を書くことができないボールペン」「飲めない水」「切れないハサミ」「商品が買

えない店」など、当たり前のことを当たり前ではない状態にするなどの発想法です。

すべての発想法に共通しているのは**「当たり前を当たり前に見ない」**ということです。世の中の課題を解決するためには、新しい発想が必要です。**既存のものでは解決できないから世の中に課題が残っているわけであり、その課題解決をするには新しい発想が必要なのです。**

そのためには「頭をひねる」必要があるのです。この「ひねり」こそが、今まで紹介した発想法類です。

19日目 大企業向け「リーダーシップ戦略」

大きく分けて、皆さんが所属する組織は、その業界で比較的大きな組織か、小さな組織かのどちらかでしょう。この大きさとは規模だけではなく、中小企業であってもその市場でリーダー企業であるかどうかという観点もあります。

まず、皆さんが所属する会社が大企業だったり、名前が世の中に知られている会社であったり、特定市場でのリーダー企業である場合、自社に関連しそうな新しい小さなビジネスを探してみてください。

もしくは自分たちがやりたいビジネスと同じことをすでにやっているか、やろうとしている会社を調べてみてください。

そして「自分が思いつくことは他人も思いついている」という観点から、そのビジネスや企業について調べてみるのです。

「その会社は本当に世の中に価値を提供できているのか」を検証してください。

もしも、世の中の課題を解決していると確信したら、次に**「なぜ、この会社は自分の会社より大きくないのか」**、もしくは**「なぜ、この会社は大きくならないのか」**と考えてみましょう。

ここで勘が鋭い人はもうおわかりだと思います。

そうです、こうした会社は、ビジネスアイデアの6W2Hの「What」と「Why」は素晴らしいのですが、それ以外の要素に課題があることが多いのです。よくあるのが、「How much」「How」「Who」に課題がある場合です。

つまり、投資したいけれどお金がない、アイデアはあるけど技術がない、ビジネスを進めたいが人財がいないなど、中小企業やスタートアップ企業ではよくある事例です。

しかし、大企業の資金や技術などがあり、人財などがいれば、そのアイデアで新規事業が成立する可能性があります。アイデアと資源や技術力の新結合ということです。

皆さんは、日々の生活の中でこんな経験をしたことはないでしょうか。

例えば、スタートアップ企業が新たな電子決済の仕組みを事業化したと思ったら、その後、巨大企業が同じようなアイデアを大きなマーケティング費用や資産を投じて行う。あるいは、業界2位や3位の競合が新しいビジネスを始めると、リーダー企業が同じビジネスを当ててくるなどです。

これをリーダーシップ戦略などと呼ぶこともあります。

大企業はヒト・モノ・カネ・ジョウホウ・ジカンの5大経営資源を有しています。ただ、次の一手につながる新しいアイデアが出てこないという課題を持つ場合があります。

一方で、中小企業やスタートアップ企業などは、アイデアはあるけれど、それを実現するための経営資源がないという課題を持つ場合があります。

その際、**自社の強みと他社の強みを結合させ、パートナーシップをもって世の中に価値を提供していこうと考える**のです。

大企業やリーダー企業に所属している皆さんはこの戦略的視点ももって新ビジネスアイデアを考えてみましょう。

20日目 中小企業向け「ニッチ戦略」

小さな会社や自分自身で事業を立ち上げている方、中小企業でリーダー企業ではない組織に所属されている方にヒントをお伝えします。

戦略的に考えて、皆さんこそ新規性をもった新ビジネスアイデアを出す必要があります。しかし、現実的には6W2Hの「What」と「Why」以外の部分で課題があるでしょう。特に課題になるのは経営の5大経営資源ヒト・モノ・カネ・ジョウホウ・ジカンの圧倒的な少なさです。まさに「ないないづくし」の中で新規事業を進めなければなりません。したがって、何か新しいことを始める際、これらの経営資源を一点に「集中投下」する必要があります。

このような皆さんの場合には「ニッチ戦略」を一度考えてみてください。

ニッチ戦略とは、大手企業が進出していない市場の隙間（ニッチ）を狙う戦略です。その隙間の市場で優位なシェアを獲得し、収益を上げる戦略といえるでしょう。

本書の文脈でいえば、大手企業が対応できずにいる特定の課題に集中して価値を提供し、その結果として対価を得るということです。

大手企業になればなるほど、細かいお客様の課題に対応しにくくなるものです。大企業の事業スケールからいえば、細かい課題に対応すること自体が事業の効率を悪くし、事業継続に支障が出てくるためです。

もっとわかりやすく説明すると、ゾウさんとネズミさんの食事を思い浮かべてください。ゾウさんは大きな体を維持するために、一度に大量の食事をする必要があります。一方でネズミさんは体が小さいですから、それほど大量に食事を摂りません。

ネズミさんは森の落ち葉の下の木の実を食べていたとしても、ゾウさんはそんな小さな木の実をネズミさんのように探して食べません。一度に大量の食事ができる場所に興味があるわけです。つまり、お互いが重視している市場が異なるわけです。

ニッチ戦略でとてもわかりやすい事例が「専門特化」です。

例えば、中古車販売の市場で、大手企業はどんな車でも買い取り、そして売ります。一方で、国道沿いなどにある小さな中古車販売会社は軽自動車に特化したり、スポーツカーに特化したり、外車に特化したりしています。

他には、人財紹介の市場で、大手はどんな職種でも対応しますが、中小企業の中ではアパレル業専門、工場専門、外国人専門など特化していたりします。こうすることで、経営資源を集中投下するのです。

では、新規事業構想で専門特化するという思考方法をどのように活用したらよいでしょうか。一番簡単なのは、あらゆる要素を細分化し、それらの要素を新結合していくという方法です。

先ほどの中古車販売の事例では、車という要素をさらに細分化し「軽自動車」「スポーツカー」「外車」としていました。しかし、軽自動車ひとつとってもさまざまなタイプがあり、車種もあります。

例えば、軽自動車の中でもスズキのジムニーだけに特化する、というさらなる細分化もあります。他には、中古車の中でも走行距離4万キロ以下に特化するという方法もあるでしょう。

これらの要素にさらに特化した他の要素を結合させてみましょう。

例えば、特定の車種だけのパーツ販売や取り付けという細分化要素や、特定の車種だけに特化したコミュニティサイトビジネスを結合させるなど、さまざまな発想ができると思います。

イメージでいえば、「A×B×C×……」というような要素の掛け合わせをすることで、専門特化した新規事業を発想できます。

そのとき、重要なのは、特定市場のお客様の課題をしっかりと把握し、それを解決する要素を外部の事例を参考に組み込むということです。

また自社に関連する大手企業の動向を見ておくのも重要な視点です。その**大手企業のヒット商品やサービスを、さらに特定の課題に対して専門特化したらどうなるかという視点で見る**のです。

大手企業が製品やサービスを発売しているということは、そこで利用されている技術や要素の価格が下がっている可能性があり、中小企業でも利用できるところまで来ている可能性があります。

また、市場への認知も広がっている可能性があります。そこをうまく活用し、大手が参入しづらい専門特化した市場で新規事業を行うことも一手です。

大手企業が継続して事業を行っているということは、事業自体がうまく回っている証拠であり、キャッシュフローがうまく回っている証拠です。その事業運営の方法論も比較的確立されているわけです。

そこでその要素自体を自社に取り込み、ＷｈａｔとＷｈｙの部分を専門特化し差別化していくのです。

専門特化することで、新規事業で解決できる世の中の課題の絶対的ボリュームは確かに小さくなります。

しかし、**専門特化した課題には必ず解決を待っている人がいます。しかもこのお客様からは一般的な製品・サービスよりも高い対価をいただける可能性があります。**

したがって、高い利益率、従業員一人あたりの利益が得られる可能性もあり、次への投資にもつながりやすいのです。

21 日目

顧客ニーズ志向と技術シーズ志向

「顧客ニーズ志向」と「技術シーズ志向」について詳しく説明します。新規事業での新ビジネスアイデアを考えるうえで、顧客ニーズを起点に考えるのか、技術シーズを起点に考えるのかということです。P80の図はその考え方を簡単にまとめたものです。

「顧客ニーズ志向」から見ていきましょう。**顧客ニーズ志向はお客様の獲得欲求を満たす傾向が強い志向の新規事業です。**お客様に課題があり、それを解決したいというお客様側の欲求ともいえるでしょう。

ここで注目すべきはお客様の「不足・欠乏していることへの欲求」やすでに世の中にある「製品・サービスに対する願望」などです。

具体的にはお客様の「これがないと困る」「こういうものが欲しいんだけど……」「こんなのがあったらな……」「(製品やサービスを提示されて) こういうものが欲しかったんだよね」という点に注目します。

注意点としては、これらのニーズには「顕在化」したニーズと、「潜在的」なニーズがあるということです。例えば、自社に対して同じような製品・サービスに対する要望や改善指摘が

【図 12】顧客ニーズ志向と技術シーズ志向

	欲求の特徴	着目点	感　情
ニーズ	消費者の獲得欲求	不足・欠乏していることへの欲求	「これがないと困る……」 「こういうものが欲しいんだけどなぁ……」
		商品・サービスに対する願望	「こんなのあったらなぁ……」 「(提示されて初めて) こういうものが欲しかったんだよね!」
シーズ	企業の提供欲求	企業が保有している資源 ・技術 ・材料 ・アイデアなど	「この技術、何かの役に立たないかな……」 「消費者はこんなものが欲しいはずだ……」

あったり、アンケートの結果などですでに明らかになったりしているニーズは、顕在化したニーズです。すでに現れているニーズです。

しかし、**実はお客様には自分でも気づいていないニーズというものが存在します。**

簡単にいえば、なんとなく課題に思ってはいるのですが、その課題が具体的にわかっていない状態などです。

もしくは、世の中でそれが当たり前すぎて、不便だと思っているけれど、当たり前なので課題に思っていないことなどもあります。

このような場合は**お客様との接点強化を通じて、ニーズを「掘り起こす」という作業をはかり、潜在的ニーズを顕在化させていきます。**

営業がお客様の話をよく聞いて課題を吸い上げることや、新しい視点でアンケートやリサーチをすること、課題解決のプロトタイプを作り具体的なニーズを探るなども「ニーズの掘り起こし」のひとつです。

「技術シーズ志向」は企業の提供欲求を満たす傾向が強い志向の新規事業です。

自社の技術や知識などを提供したいという欲求が起点になっています。具体的には社内また起業する個人に眠っている技術・材料・アイデアなどの資源を起点に考えます。

例えば、「この技術、何かの役に立たないかな」「お客様はこんなものが欲しいはずだ」などと最初に考えて新規ビジネスアイデアを考え始める手法です。

どちらの手法でも新規事業は構想できます。

自社の状況により、使い分けることが必要です。しかし、本書で重点的に解説しているのは、すでに述べたように「顧客ニーズ志向」です。

22
日目

顧客ニーズ志向を勧める3つの理由

現代の社会で新規事業を立ち上げるには、私は顧客ニーズ志向をお勧めしています。その理由は3つあります。

まず、外部環境の変化するスピードが速くなっているということです。新規事業構想中や開発中にどんどん世の中の状況が変わっています。

顕在化している顧客ニーズをスピーディーに解決すること、もしくはすでに存在している製品やサービスに関連する潜在的ニーズを素早く掘り起こし、その課題をスピーディーに解決することが新規事業の成功率を高めると私は考えます。

次にキャッシュフローの点から見てみましょう。

新規事業は立ち上げ後、新規事業自体の利益で自走し、次に投資できるまでにキャッシュフローを安定化させなければなりません。その際、まず重要なのは製品やサービスの対価が素早く得られるかという点です。

単純にいうと、キャッシュインのタイミングが早ければ早いほど、投資金額は下がり、さらに投資回収期間は短くなっていきます。

例えば、新規事業担当者3名が専任で新しい製品やサービスを開発していたとします。その投資額は1年で4000万円かかったとしましょう。

開発期間が1年であれば投資額は4000万円、3年であれば1億2000万円になります。もしも製品・サービスリリース後の売上が双方とも同じだったとして、事業開始3年後に1000万円、4年後に3000万円、5年後に6000万円の利益が出たとします。

1年で開発期間が終わりリリースできたとすれば、新規事業は投資額4000万円をリリース後4年で回収できます。対して開発に3年かかる新規事業は、5年経っても投資を回収できません。

では、対価を素早く得るためにはどうすればよいのでしょうか。すでに説明したように、対価は価値を提供できてから得られるものです。価値とはお客様の課題を解決することです。

つまり、**目の前に顕在化したお客様の課題を解決し、「ありがとう」と言っていただく製品・サービス提供をすることで素早く対価が得られるのです。**

その対価を基礎としてキャッシュフローを健全に回し、次への投資を適切に行い、より高度な課題解決を目指していくことが新規事業の成功率を高めると考えています。

最後に決裁の点から見てみましょう。

皆さんが決裁者の立場になったとして、考えてください。

まず、会社での決裁者は、多方面に対する責任を踏まえたうえで決裁します。例えば株主に対する責任や、従業員に対する責任、会社という働く場を安定して維持する責任、などです。

皆さんだったら、お客様のニーズが明確でないものに投資するGOサインを出すでしょうか。投資回収期間が長いものに対して投資をするでしょうか。

私は多くの決裁現場を経験したり、見たり、または自分で決裁したりしますが、**現実問題として、顧客ニーズが明確ではなく、顧客ニーズのエビデンスもなく、投資回収期間が長いものに対して、なかなかGOサインは出ない**ものなのです。

もちろん技術シーズ志向も素晴らしい方法ですが、新規事業の立ち上げ経験が少ない方は顧客ニーズ志向から新ビジネスアイデアにチャレンジされることをお勧めします。

どうしても技術シーズ志向で進めたいという場合、少々考え方を変え、市場の声やお客様の声などを聴いてから技術に向き合ってみてください。

具体的にはお客様にヒアリングする、リサーチをするなどでもかまいません。この「顧客の声を聴く」ということでも顧客ニーズ志向に近づきます。

23日目 新規事業の「型」と戦略とのマッチングを見る

新規事業は全社の経営戦略に準拠していることが大切です。新ビジネスアイデアを一所懸命に考え、盛り上がっていると、いつの間にか全社の経営戦略に準拠しなくなってしまうこともあります。

新ビジネスアイデアの段階で準拠しているか改めて確認しておかないと、この後ビジネスモデルを考えたり、事業計画書を作成しても決裁が得られないという悲しい結果につながってしまう可能性があります。

このチェック方法を紹介しましょう。

P87の表は新規事業の「型」の種別を表したものです。

横軸に先ほど述べた「市場ニーズ（顧客ニーズ）」を置きます。さらに横軸を、市場ニーズが「あり」か「なし」かで区切ります。ここでいう市場ニーズが「あり」とは「ニーズが顕在化している」ということです。市場ニーズが「なし」とは「ニーズが特定できていない、またはニーズが潜在的に存在していそう」ということです。

縦軸には、先ほど述べた「技術シーズ」を置きます。さらに縦軸を、技術シーズが「あり」

か「なし」かで区切ります。技術シーズが「あり」とは、新規事業で活用する「主要技術が自社内や市場にある」ということです。技術シーズが「ない」とは、「主要技術が自社内や市場にない」ということです。

市場ニーズ「あり」で、技術シーズ「あり」が交差した部分にある新規事業は「本業集中型」と呼ばれます。結論から申し上げると、新規事業の中では難易度が低いものになります。

その理由は、市場ニーズが顕在化されているため、課題解決のターゲットが絞れていること、そしてその解決をする技術が自社または市場に存在し、それが明確にわかっているからです。

このような新規事業は、自社のコアな製品やサービスをより深化させ、もしくは特化させ、世の中の課題を解決するようなイメージのものであり、私の経験上、多くの新規事業がこの部類に属します。

本業集中型における重要な戦略は市場浸透戦略であり、自社の製品やサービスをより深化させ市場により深く浸透させていくことが大切です。

例えば、今まで貸会議室ビジネスをやっていたお店に、お客様から会議後にパーティー会場として利用したいという要望が入っていたとしましょう。そして、そのお店の予約管理システムや設備、オペレーションなどの知識と技術からいって、ケータリングの機能のみを新結合すれば、その要望がかなえられるとします。話を単純化するとこのような新規事業が本業集中型

【図 13】新規事業の「型」の種別

		市場ニーズ	
		あり（顕在ニーズ）	なし（潜在ニーズ / ニーズなし）
技術シーズ	なし	**技術挑戦型** （製品開発戦略）	**多角化挑戦型** （多角化戦略）
技術シーズ	あり	**本業集中型** （市場浸透戦略）	**市場挑戦型** （市場開拓戦略）

になります。

市場ニーズ「あり」で、技術シーズ「なし」が交差した部分にある新規事業は「技術挑戦型」と呼ばれます。市場ニーズは顕在化しているものの、それを解決する技術が自社または市場に存在していないため、**新規事業の難易度は本業集中型よりも高くなります。**

技術シーズが「ない」というのはすでに2パターンあり、自社にない場合と、そもそも市場にもない場合があります。

自社にない場合は外部から調達することになりますが、そもそも市場にない場合はより難易度が高くなり、技術開発にそれ相応の経営資源の投下が必要になります。同時にリスクも高まります。

技術挑戦型における重要な戦略は製品（サービス）開発戦略であり、主に課題解決のための技術開発を推進することが大切です。

例えば、市場において「安全にモノやヒトを運ぶ空飛ぶ車」が欲しいというニーズが顕在化しているとしましょう。また、それを実現させるためのアイデアはあるものの、安全に運べるという技術がなかったとします。それを実現させるためには技術開発が集中的に必要になってきます。

話を単純化すると、このような新規事業が技術挑戦型になります。

市場ニーズ「なし」と、技術シーズ「あり」が交差した部分にある新規事業は「市場挑戦型」と呼ばれます。

もしかしたらこういった市場の課題を解決できるかもしれないというアイデアと、それを実現する技術はあるものの、市場ニーズが顕在化していない、もしくはないかもしれないという状態です。簡単にいうと、すごい技術を持っているが、世の中に何の役に立てるかわからない状態のモノやコトです。

これは、技術挑戦型と同様に、本業集中型よりも難易度が高くなります。

極端な例でいえば、自社が「これはすごいんです」と伝えたとしても、市場に課題やニーズは顕在化していないため、「これを利用すると何が嬉しいの？」と疑問に思われるような状態です。市場挑戦型における重要な戦略は市場開拓戦略になります。

例えば、ある製薬メーカーが、水分補給をスムーズにできる飲料を発売しようとしていたと

しましょう。その製薬メーカーはもともとその技術やノウハウはもっています。しかし、市場では水分を補給するなら水やお茶、コーヒーやジュースで十分と考え、課題を感じていなかったとします。

このような場合、「この新しい飲料を利用するとこんなメリットがある」ということを市場に説得していかなければなりません。そのためにサンプリングや広告などのマーケティングの仕組みがより必要になっていきます。

最後に、市場ニーズ「なし」と、技術シーズ「なし」が交差した部分にある新規事業は「多角化挑戦型」と呼ばれます。極端な話、市場ニーズも技術シーズもないけれど、アイデアはあるという状態です。これは**新規事業の中でも最も難易度が高いものです。**

例えば、自動車会社が消費者を対象に火星に行けるロケットを開発しようとしていたとしましょう。しかし消費者には火星に行きたいという課題やニーズがなかったとします。そして、その会社には、火星に行くためのロケットの製造やオペレーションの知識も技術もなかったとします。

この場合、先ほどの技術開発とマーケティングの双方を進めていかなくてはなりません。多角化挑戦型は多角化戦略を重視しますが、難易度は極めて高く、リスクも高い最もチャレンジングな新規事業となります。

このように新規事業にはさまざまな型があり、それを実現するために重視する戦略も異なっていきます。これらの戦略についてはビジネスプランや事業計画の項目で詳しく考えていくことになりますが、新ビジネスアイデアの段階で、新規事業の型や戦略が経営方針や、全社の経営戦略とマッチしているのか改めてチェックしておきましょう。

例えば、経営戦略では本業浸透型のイメージで新規事業を指示しているにもかかわらず、新ビジネスアイデアが技術挑戦型であると、経営戦略とのミスマッチが発生し、決裁が得られにくくなってしまいます。

24日目

メガトレンドを組み込む4つのメリット

「メガトレンド」とは、「時代の大きな流れ」です。簡単にいえば「10年、20年以上続くビジネスの大きなトレンド」です。

今なら、ＡＩ・ブロックチェーン・ウェアラブルからインプランタブル・コンパクトシティ・宇宙開発・気候変動や資源不足など、その他多くのメガトレンドが挙げられます。

これらの要素を新ビジネスアイデアに組み込むのです。もしくはこれらの要素から発生する世の中の課題を新ビジネスアイデアに組み込むのです。

なぜ、メガトレンドを新ビジネスアイデアに組み込むとよいのか。その理由は複数ありますが、代表的なものを重点的にお伝えします。

まず、**長期的収益に結びつく可能性が高い**という点です。

メガトレンドは10年・20年続く世の中の大きな流れですから、その分野では未来の収益が比較的長く得られる可能性が高まります。

次に**支援を受けられる可能性がある**ということです。

メガトレンドの中には国益につながるものもありますので、国や地方自治体などの支援が受

【図14】メガトレンドを組み込む４つのメリット

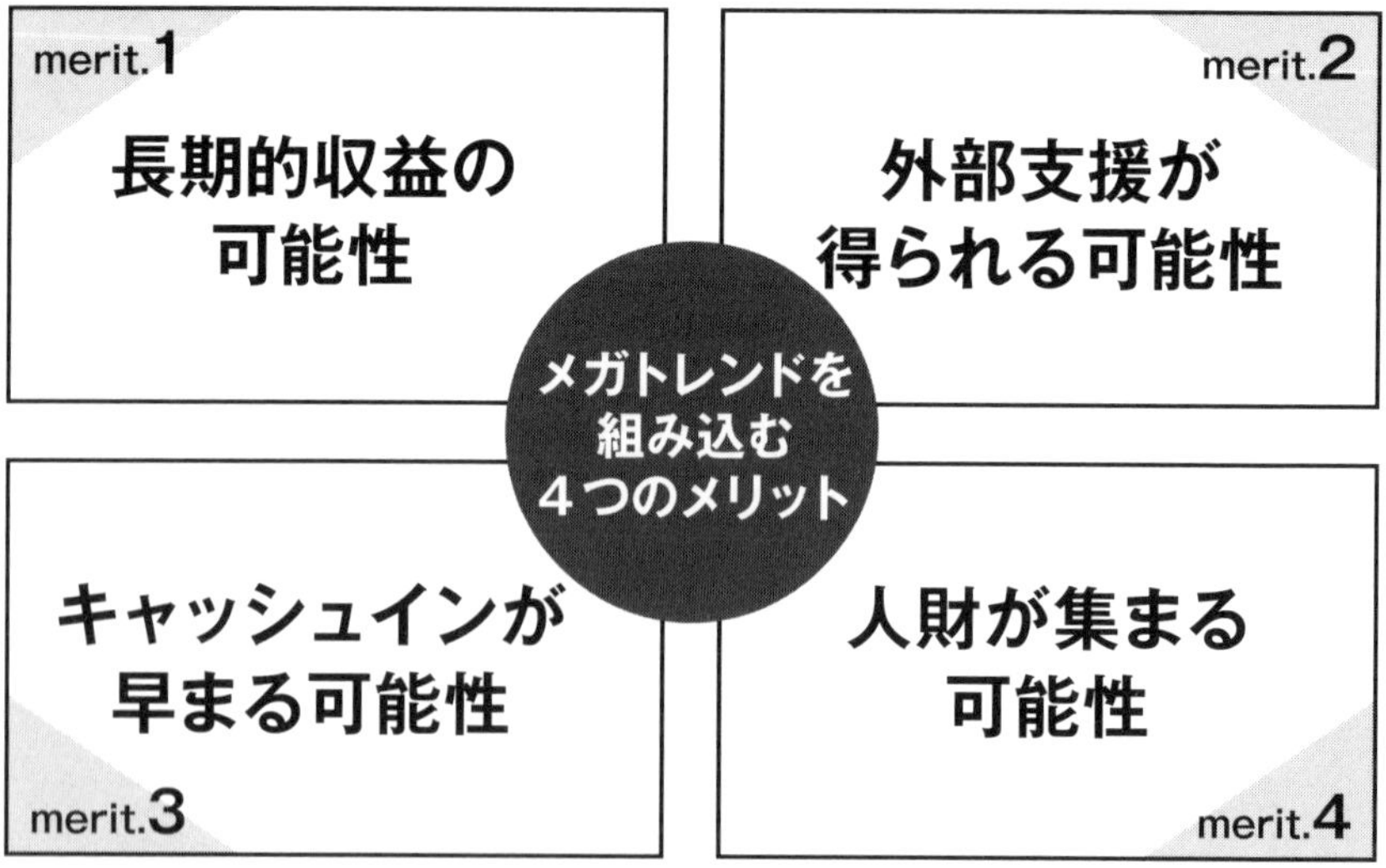

けられる可能性が高いです。例えば最も身近なところでは、補助金などです。

また数多くの地方自治体や団体などでビジネスプランコンテストなども行っており、資金的な助成や補助、支援を受けられることもあります。特に中小企業で新規事業を手がけようとする方は一度確認するのがよいでしょう。

メガトレンドは世の中の大きな流れです。その流れに乗ると最初のキャッシュインのタイミングが早まる可能性もあります。もともと、世の中の課題が顕在化していて、それを解決するための方策の大きな流れがメガトレンドであることがほとんどですので、その課題をいち早く解決すれば、収益化のスピードが速まるのです。

例えば、私の経営している会社ではＲＰＡ（Robotic Process Automation）の新規事業を従

業員が企画・開発し開始しましたが、働き方改革やAI・ロボットなどのメガトレンドをつかみ、サービスリリースから約3か月程度で最初のキャッシュインをもたらしました。

メガトレンドを組み込むことで、人財が集まりやすい可能性があります。

新規事業では、この人財採用がなかなか難しいのです。

大手企業でネームバリューがあるところはよいかもしれませんが、あまり市場に名前が知られていない会社や個人で事業を立ち上げる場合は、とても苦労します。特に若手人財の採用にはなおさら苦労します。

このとき、メガトレンドを要素に組み込んだ新規事業であれば、募集要項に明示することで、「やりたい！」という若手を採用できる可能性が高まります。

今まで述べたものはほんの一部ですが、メガトレンドを組み込むことで多面的に新規事業の成功率が高まります。

当然これらのことは決裁者のほとんどの方がご存じですので、新ビジネスプランの決裁を得られやすいのです。

また、新規事業の大元である経営戦略にもメガトレンドに乗っていくための戦略要素が含まれることが多いので、経営戦略と準拠し決裁が得られる可能性が高まります。

25 日目

メガトレンドを見る視点

メガトレンドにも、プロダクト・ライフサイクルのように時間的な流れの視点をもつことが重要です。つまり、メガトレンドの最初で新規事業を行うか、ある程度一般的になってから新規事業を行うかです。

メガトレンドの最初で新規事業を行うのはとても大きな投資が必要になり、大企業向けであることが多いです。一般的になれば、小規模な事業者でもアイデア次第で投資ができます。

例えば、インターネットが一般的になる前に、インターネットに関する新規事業を行うには大きな投資が必要でした。

しかしインターネットが普及すると、その技術を利用する単価が下がっていますから、技術要素と何か違う要素を結合させることで、比較的投資が少なく新規事業が開始できます。

例えば宇宙産業などはどうでしょう。本書を読まれている方は、宇宙産業の新規事業を考える人は少ないかもしれません。でもそれは「今」だけの話かもしれません。宇宙関連のインフラが整備され、ある程度一般化してくると、宇宙×保険、宇宙×文具、宇宙×広告、宇宙×アパレルなど既存の要素と新結合しやすくなり、一大産業となる可能性があるのです。

26日目 コア・コンピタンスを組み込む

「コア・コンピタンス」とは「顧客に対して、他社には提供できないような利益をもたらすことのできる、企業内部に秘められた独自のスキルや技術の集合体」です。つまり「競合他社を圧倒的に上回る、または真似されることのない核となる能力」です。

これらの要素を新ビジネスアイデアに組み込むのです。

すでに「やりたいこと」「できること」「世の中のためになること」を説明しましたが、その「できること」の中で、他者よりも圧倒的に「できること」だと思っていただいてかまいません。

では、「コア・コンピタンス」を新ビジネスに組み込むと、どんなよいことがあるのでしょうか。代表的なメリットを紹介します。

まずは、新規事業開発コストを少なくできるという点です。コア・コンピタンスを新ビジネスアイデアの要素に組み込むということは、**もともと自社の得意なことを組み込むというわけですから、開発期間が短くなります。つまり、コストが少なくなる**のです。

そして、**得意なことであるため、新規事業開発時のリスクが軽減されます。**新規事業開発は未知なる挑戦の要素が多いですが、得意なことであれば、能力、知識、技術の素地がありますからリスクが軽減され、成功率が高まります。

先行者優位性が高まるというメリットもあります。**得意なことを新規事業にすることで、競合企業よりも先頭を走ることができる**のです。

このコア・コンピタンスのメリットについては、決裁者のほとんどの方がご存じですので、**コア・コンピタンスを組み込むことで決裁を得られる可能性が高まります。**

本書ではすでに、主要な技術や知識は自社にあることが望ましいと述べていますが、この理由とも関連しています。

もしも主要な技術や知識を外部から調達しようとすると、圧倒的な先行者優位性は得られにくくなります。それは、調達先が同様の技術や知識を他社にも提供する可能性が高いからです。

さらには、調達先に主要な技術や知識を依存することにより、調達先をうまくコントロールしないと新規事業自体ができないという事態に陥ります。もしもコントロールが難しい場合は、すでに記載した新規事業のスピード感も失われてしまいます。

それでも外部調達が必要な場合は、自社でその知識や技術、能力をコントロールできるよう、提携や契約の仕組みなどを検討する必要があります。

27日目

ビジネスアイデアの選択とプレ市場調査

皆さんのビジネスアイデアシート（6W2H）は複数できてきたでしょうか。この段階で、ビジネスアイデアを選択しましょう。ここがひとつのフェーズゲートであり、区切りです。

ビジネスアイデアの選択にあたっては、本当に世の中に価値が提供できるものなのか、新規性はあるのか、やりたいこと・できること・世の中のためになることなのか、経営戦略と準拠しているのか、メガトレンドやコア・コンピタンスは組み込まれているかなど、本書で説明してきた要素が入っているかどうかしっかりと見直してください。

それでは、具体的なビジネスモデル構築に入る前に、プレ市場調査を行いましょう。**プレ市場調査とは、お客様や社内の関連する部署の他従業員、決裁者などに、ビジネスアイデアを説明し、その反応を見ることです。**

本格的な市場調査はビジネスモデルを構築した後に行いますが、そのビジネスモデルを作成する前にちょっと反応を見るという具合です。

プレ市場調査を行うことで、その反応に応じてビジネスモデルを作成する前に、ビジネスアイデアを市場の声に合わせて微調整できたり、変更できたりします。

プレ市場調査では、お客様に対しては「ビジネスアイデアで課題が解決しそうか」を、社内の従業員や決裁者に対しては「ビジネスアイデアが自社に魅力的か」などをヒアリングして反応を見てみましょう。そのときにこういったことも逆に聞かれるかもしれません。

「それっていくらなの?」「手間はかからないの?」「既存の○○のサービスと何が違うの?」というような質問です。これを聞かれたらチャンスです。

当然、皆さんはまだビジネスモデルを創っていませんので、それらの詳細情報はまだ持っていません。だからこそ、**このお客様からの質問にさらに逆質問することで、今後のビジネスモデル構築の材料にしていきます。**

例えば「いくらならご購入をされますか?」「どの手間がご心配ですか?」「既存の○○でお困りのことは何かありますか?」などです。

これは社内でも同じことがいえます。

例えばインタビューをしたときに「売値・原価はいくらぐらいなの?」「利益率は?」「いくらぐらい開発資金がいるの?」「本当にできるの?」などさまざまな質問があります。

このプレ調査の質問は、今後、新規事業の決裁を得られるまで続く質問です。

だからこそ、この段階でさらに逆質問し、現実をこれから創造するビジネスモデルに組み込むのです。

例えば「売値・原価はどのくらいがベストだと感じますか?」「利益率はどのくらいだと嬉しいですか?」「当社はどのくらいの開発資金だと決裁が得られそうですか?」「実現可能性についてどこが不安に思われましたか?」などです。

プレ市場調査を行うことで、今後必要な自分のプレゼンテーション能力も事前に知ることができると思います。

新規事業に関するインタビューでは、インタビューする相手がまだ見たことも聞いたこともないことを説明するわけですから、相手にわかりやすく説明ができなければインタビューすらできません。フェーズが進み、いざ決裁者にプレゼンテーションしようとするとき相手が理解できるように、簡潔に簡単に説明できるかをここで試していくのです。

この能力が製品やサービスリリース後のマーケティングにも活かされます。

詳しい説明は本書のプレゼンテーションの項目で解説しますが、重要なポイントは相手の視点に立って説明することと、結論から言うことです。

30日目

プレ調査で出た悪い反応の活かし方

プレ市場調査を行うと、よい反応ばかりではなく、悪い反応が返ってくることもあります。むしろ悪い反応のほうが多いかもしれません。理由は大きく分けて3つあります。

1つ目は、説明の仕方が悪くて、相手にこちらの話を理解してもらえない。

新規事業とは相手にとって、見たことも聞いたこともないものです。そのため説明の仕方によっては、内容を理解してもらえず反応も悪くなります。これはヒアリングや説明の仕方を改善することで解決できます。

2つ目は、新しいことに対してなんでもネガティブに捉える反対勢力の存在です。

新規事業を進める中では、この勢力ともうまく付き合っていく必要があります。冷静に、なぜこの人は反対しているのだろうかという客観的観点を持って、さらに逆質問でその理由を聴きだしてみてください。その理由を今後解決すれば、新規事業を推進できます。

3つ目は、皆さんのビジネスアイデアがお客様や社内に「本当に受け入れられない」ものであることです。この場合は、むしろこの段階でそれがわかってよかったと考え、ビジネスアイデアをブラッシュアップするか、他のビジネスアイデアを選択するようにしましょう。

「この段階でさまざまな立場の人に話をすると情報が会社から漏れ、競合他社が真似するのではないですか?」

プレ市場調査を進めるにあたって、そんな質問を受けることもあります。

結論から言います。もちろん社内ルールは守っていただきたいのですが、アイデア段階の情報を真似されてダメになってしまうような新規事業であれば、今の段階で止めたほうがいいです。もっと深化させなければなりません。

簡単にいえば、この段階であれ、リリース後であれ、よいアイデアであればあるほど、いずれ真似されます。

真似されても戦い続けられる新規事業でなければ、事業単体で自走などできません。真似を脅威に感じる。それは、事業開発のスピードで負ける恐れがある、新規事業の中にコア・コンピタンスが含まれておらず、自分たちの能力や知識・技術を信じていないという表れです。

自信を持って、真似されても勝てるビジネスアイデアを考えていきましょう。

PART3.

新規アイデアのバランスを見る

▼ビジネスモデルを策定する際、まず世の中の課題を解決する「価値」を定義する

▼その価値をどういった「顧客」に提供するのかを明確にする

▼「価値」と「顧客」を結びつける適切な「顧客との関係」「チャネル」を定義する

▼「価値」を生み出すための「キーアクティビティ」「キーリソース」「キーパートナー」を導く

▼これらの活動における適切な対価のいただき方、費用の支払いを導き出す

▼これらのすべての要素のバランスを見直し、「筋が通る」ようにし、特定の期間で収入が費用を上回り利益が創出できるようにビジネスモデルを最適化する

▼本格的な市場調査をし、仮説と現実のギャップを把握し、ビジネスモデルを現実的にしていく

▼必要に応じて、戦略的分析やマーケティング的分析を経て、ビジネスモデルを最適化していく

31日目 ビジネスモデルとは

実際に、新規ビジネスアイデアを複数考え、それを選択し、ここまで進まれてきた方は素晴らしいです。

なぜなら、この段階までたどり着けず脱落する方も多いからです。皆さんが一所懸命に考え、そして志高く活動している成果です。

つまり、新規事業の立案とは、さまざまな条件や制約の中で、すべてが「一致」する針の穴を通すようなことだからです。

例えば、メガトレンドの要素が含まれているとか、コア・コンピタンスが含まれている必要があるとか、そのうえで自社の新規事業の基準に適合していなければならないとか、あらゆる条件が合わさったところを狙う必要があります。

これがとても苦労するポイントなのですが、この条件の一致を見なければ、新規事業をスタートしたときにうまくいく確度が下がってしまうのです。

もちろん、新規事業が無事スタートしても、その後、計画通りにいくとは限りません。しかし、**新規事業構想や開発でしっかりと考えていればいるほど、事業化した後の計画と現実の調**

整や「やりくり」がしやすくなります。

なぜならば、計画をすることにより、どの要素が計画と現実が違ったのかがいち早くわかるからです。

この「条件」は、今後説明する、事業計画書の策定段階でさらに増え、細かい条件も追加されていきます。

したがって、この段階で新ビジネスアイデアが本当にビジネスとして成り立つのか、そのためのバランスはどうなのかをビジネスモデルとして把握し、検討することが重要になっていきます。

では、**ビジネスモデルとは何でしょうか。話を単純化すると「利益を継続的に生み出すサービスや製品、収益構造などの仕組み」**です。

実は、これらの要素はすでに6W2Hのビジネスアイデアシートで重要な要素は考えられています。しかし、これを「モデル化」しなければなりません。

具体的には6W2Hの要素をどのように無理なく無駄なく連結させ、そしてバランスを取り、安定的な成長に結びつけるかなどの視点で、ビジネスを構造化する必要があるのです。

例えば、空飛ぶ無人タクシービジネスを考えたとします。すでに6W2Hを考えていたとします。

【図 15】ビジネス構造化のための質問集

- □ 無人タクシービジネスでどのような
  世の中の課題を解決しますか？
- □ その課題を持っている人たちは、すなわちサービスを
  提供する相手は具体的には誰ですか？
- □ その相手にどのようにそのサービスを
  訴求し販売するのですか？
- □ そのサービスを利用した人は喜んで
  その対価を払ってくれますか？
- □ 対価はいくらですか？
- □ またその対価をどのようにもらいますか？
- □ したがって今後5年の売上高はいくらですか？
- □ そもそもその無人タクシーはどうやって創るのですか？
- □ そのサービスはどうやって運営するのですか？
- □ それを生み出すためにどのような活動が必要なのですか？
- □ どういった能力の従業員が必要ですか？
- □ 自社だけでできるのですか？
- □ 何か仕入や外部調達は必要ですか？
- □ 開発費やその後の5年間の経費はいくらですか？
- □ 投資額はいくらですか？
- □ したがって今後5年間の利益はいくらですか？
- □ 投資回収期間はどのくらいですか？

P106の質問に回答できるぐらいに、ビジネスを構造化する必要があるのです。

この質問で6W2Hの要素を使ってすでに回答できるものもあると思います。

しかし、これらの要素を連結させ、要素のバランスを取らないと回答できないものもありますし、さらに要素を深掘りしないと回答できないものもあると思います。

ビジネスモデルを考えることで、新規事業の要素のバランスを事前に考えることができ、新規事業開始前に「無理」や「無駄」を事前に把握することができます。ビジネス成功のための足りない要素や事前に強化すべき要素も把握することができます。

この発見が新規事業の実現可能性に結びつくのです。

32
日目

ビジネスモデル・キャンバスの全体像

実際に、皆さんが選択した新ビジネスアイデアを「ビジネスモデル」として表現していきましょう。まず重要なのはビジネスモデルという「仕組み」を明示することです。明示のためには、さまざまな表現方法があります。

文字として文書として書く、チャート図などで概念を描く、またはチャート図で因果関係を描く、フレームワークを活用して描く、などさまざまな方法があります。

例えば、左の図は大手ＥＣサイト運営会社のビジネスモデルの図です。

概念的な仕組みが描かれています。どのようにこのビジネスが成長していくかの仕組みがよくわかります。時間的概念、動的概念もよくわかります。

しかし、誰がどのように何の活動をするのか、お金の流れはどうなのかはあまり見えてきません。

Ｐ１１０の図はこちらも大手ＥＣサイト運営会社のビジネスモデルの図です。チャート図により、具体的な運営の仕組みが描かれています。どのようにこのビジネスが運営されているのか、その仕組みがよくわかります。誰がどのような活動をして誰が誰から料金

【図16】大手ECサイト運営会社のビジネスモデル－A

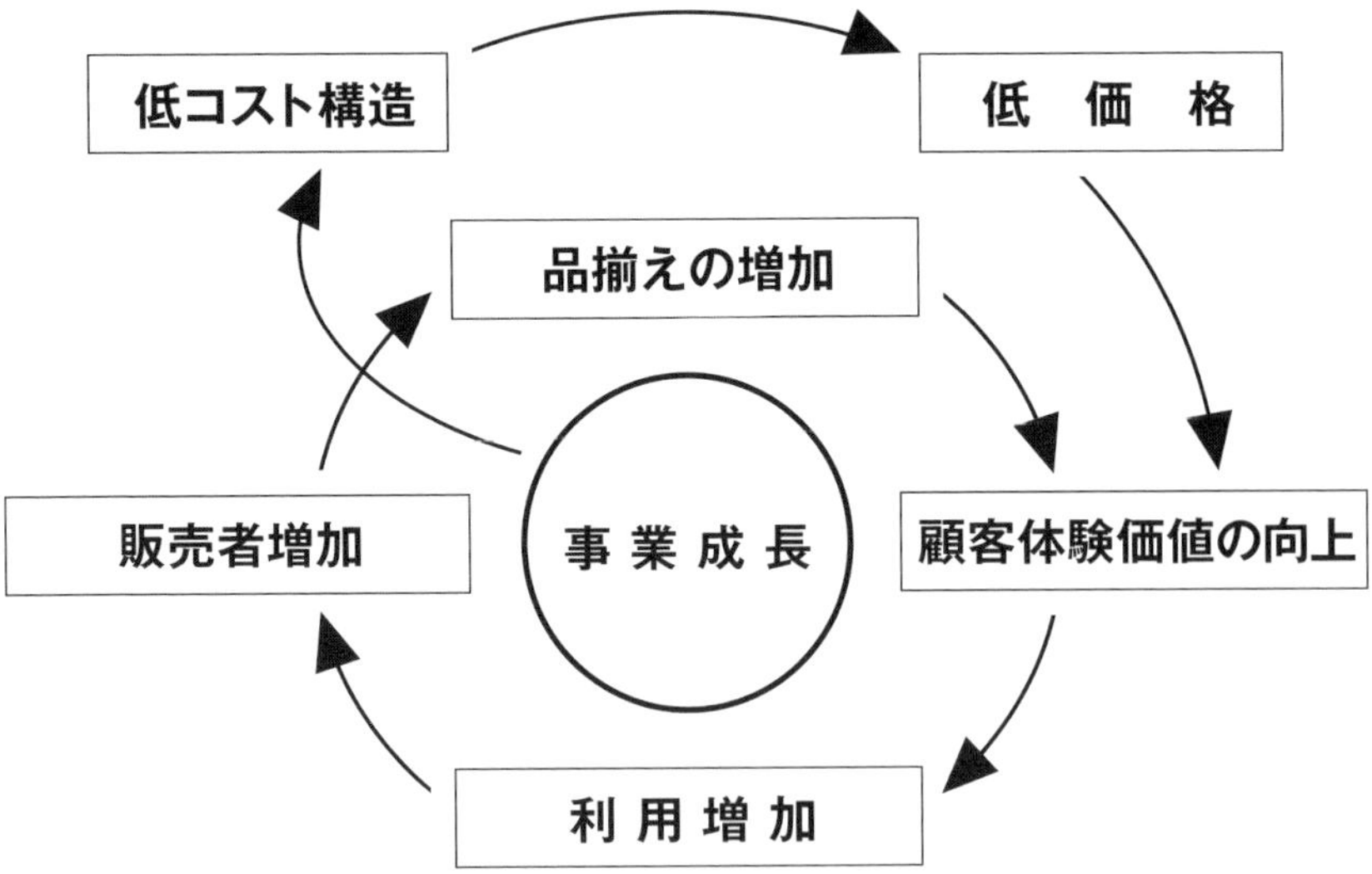

をいただくのかなど活動やそれをする人、お金の流れなどがよくわかります。

しかし、この図は現在の運営を静止画的に切り取ったものですので、ビジネスが今後どのように成長していくのかの未来への時間的概念、動的概念はあまり見えてきません。

このように、ビジネスモデルを描くというのは、決まりがありそうで、ないものなのです。

重要なのは「利益を継続的に生み出すサービスや製品、収益構造などの仕組み」であるビジネスモデルを「可視化」させるということ、そして可視化させた後に、その仕組みに無理・無駄がないかを把握することです。

既存のビジネスであれば、そのビジネスを把握し、図解にするのは比較的楽です。すでにビジネスは存在しているわけですし、あとは適切に調査をし、わ

【図 17】大手ＥＣサイト運営会社のビジネスモデル－Ｂ

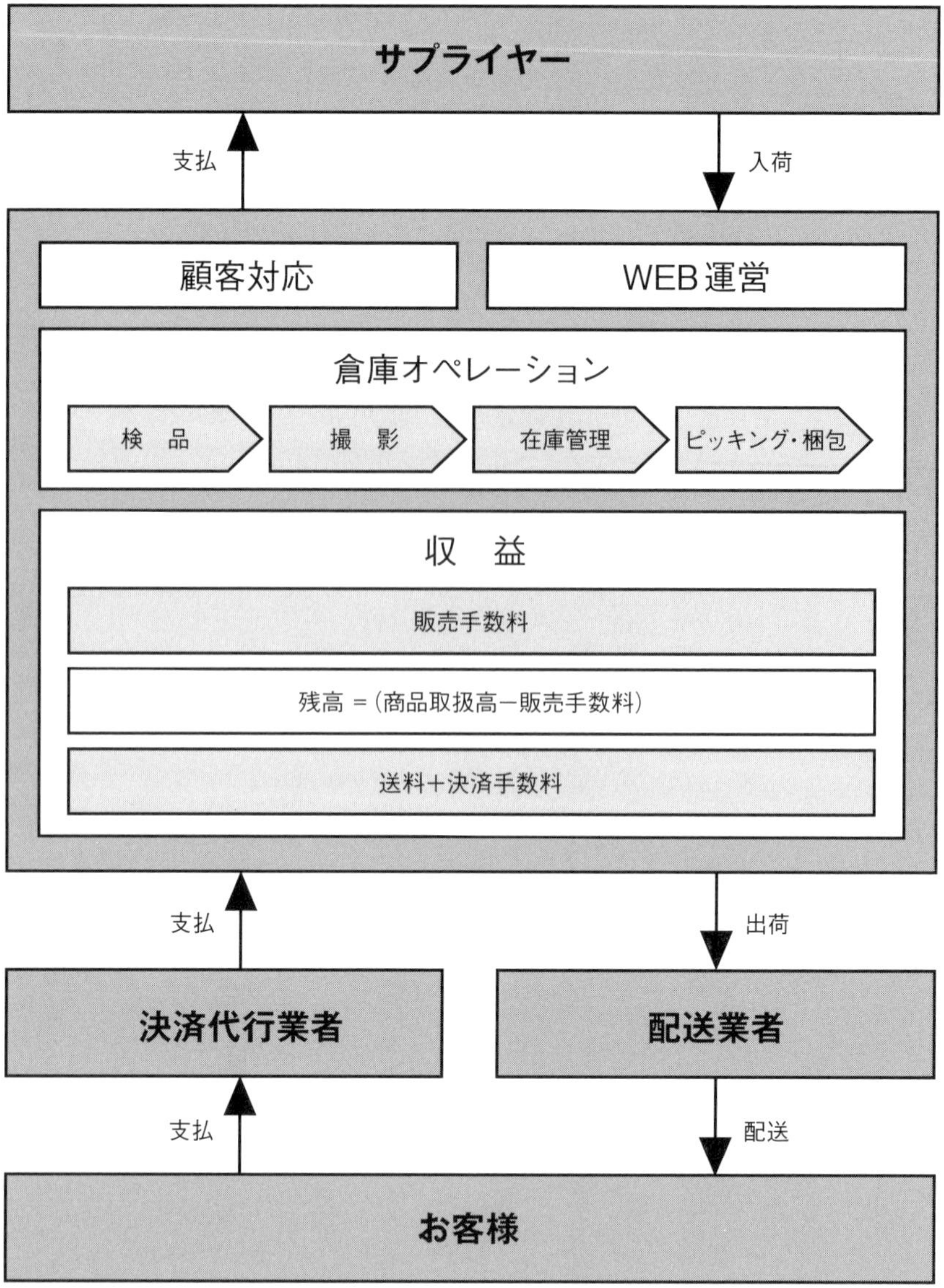

かりやすく表現できるかどうかということに集中できるからです。

しかし、皆さんの場合は、未知なる新規事業の仕組みを考えていかなくてはなりません。しかも、限られた時間の中です。

そこで今回は「ビジネスモデル・キャンバス」（『ビジネスモデル・ジェネレーション ビジネスモデル設計書』アレックス・オスターワルダー、イヴ・ピニュール／著、小山 龍介／訳、翔泳社）というフレームワークを使って、新ビジネスアイデアをビジネスモデル化していきましょう。

まず、このフレームワークを選んだ理由ですが、すでに述べているように新規事業には６Ｗ２Ｈが極めて重要です。

さらに、ビジネスモデルという仕組みを考えるうえで、この６Ｗ２Ｈのつながりや因果関係に「筋が通っている」ことが重要になります。**筋が通っていない新規事業はどこかで無駄や無理があり、運営がうまく回らず、したがってキャッシュフローも回りません。**

この６Ｗ２Ｈの要素同士の関係性について、筋が通っているかを見て、考えるのに、ビジネスモデル・キャンバスはとても適しているのです。

また、本書で説明している「価値を提供する。そして対価を得る」という順番の概念と、このフレームワークがマッチしているためです。

本書は新規事業に関する本であり、ビジネスモデルはそれを成功させるためのひとつの要素であるため、ビジネスモデル・キャンバスの内容を事細かに説明することはせず、時間の限られた新規事業構想の中で知っておいていただきたい最低限のことを紹介します。

また、一部は新規事業構想の現実に照らし合わせ、また本書で伝えてきた内容に準拠するようアレンジして伝えます。

ビジネスモデル・キャンバスをもっと深く知りたい、興味があるという方は、『ビジネスモデル・ジェネレーション　ビジネスモデル設計書』を参照してください。

33日目

ビジネスモデル・キャンバスの全体像でバランスを見る

P114の図が「ビジネスモデル・キャンバス」の全体像です。それぞれのパーツは後に詳しく説明しますが、まず、全体像を把握しましょう。

中心にあるのが「与える価値」です。世の中の課題を解決する価値を記載します。

次に図の一番右側にある**「顧客」には、課題を持っているお客様は誰かを記載**します。

「与える価値」と「顧客」の間には、価値と顧客を結ぶ「顧客との関係」と「チャネル」があります。

詳しくは後ほど説明しますが、「顧客との関係」は、例えば定期的な接点なのか、一度きりの取引なのか。対面での親切な対応なのか、インターネットを介した自動的な接点なのかなど、与える価値と顧客を結びつける関係性、そして顧客が望む関係性を記載します。

「チャネル」とは、与える価値をお客様に知っていただく方法や価値を届けるルートなどです。**「与える価値」が、適切な「顧客との関係」や「チャネル」を通じて、課題のある「顧客」に届けられ、それを価値だと顧客が認めてくれたら、対価が得られます。**

その**対価を記載するところが「収入」**になります。まず、対価をどのような形式でいただく

顧客との関係

顧　客

チャネル

収　入

【図 18】ビジネスモデル・キャンバス全体像

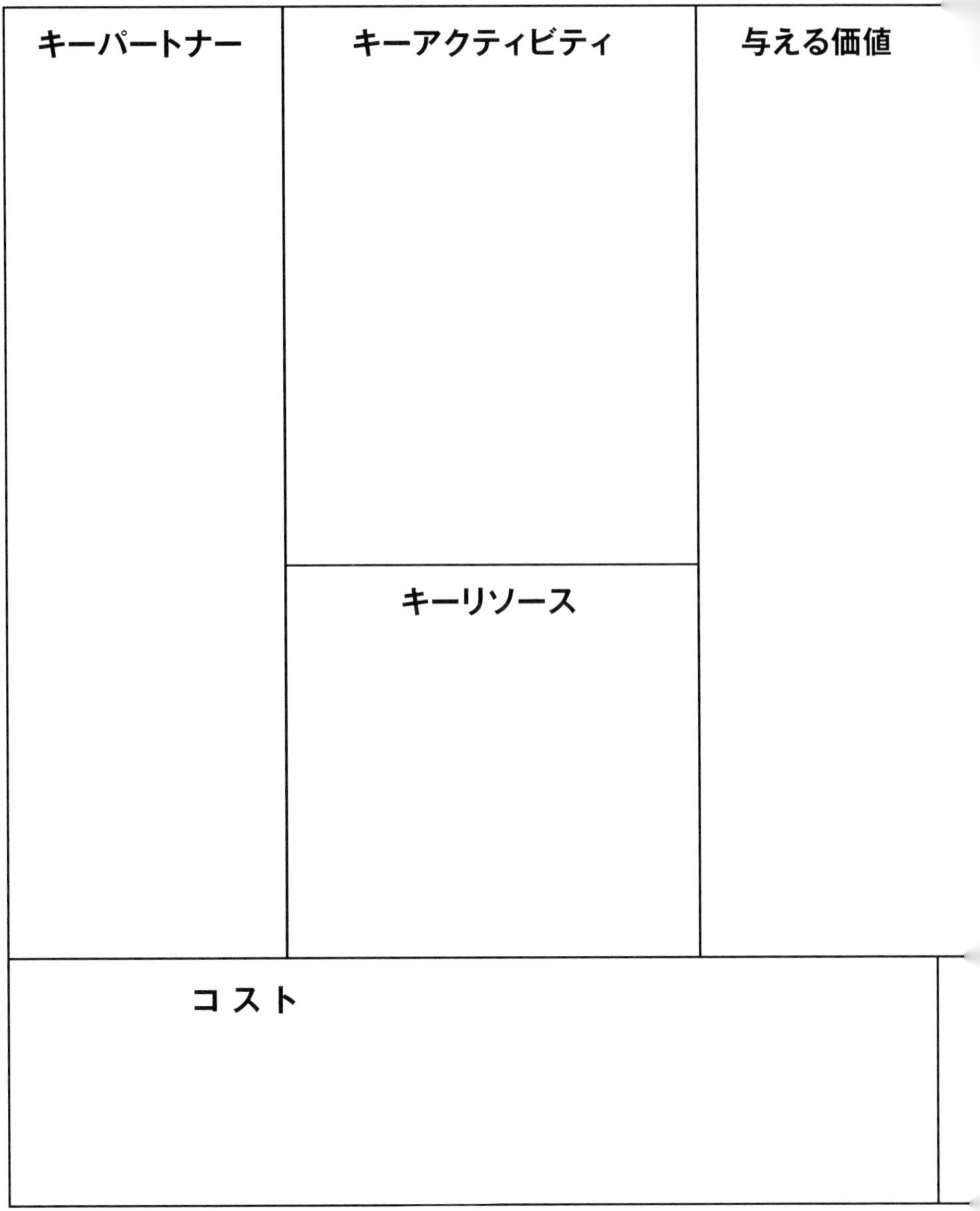

のか、そしてその対価の金額はどうなのかを記載します。

ここまでが、右半分です。この5つの要素の筋が通っていないとキャッシュインはうまく回りません。勘の鋭い方はもうお気づきかもしれませんが、この右半分はマーケティング戦略の要素も含まれます。マーケティング戦略は事業計画書で細かく定義する必要がありますので、その骨子をビジネスモデルで考えておくという性質も含まれています。


次に左半分に移りましょう。中心にはすでに説明した「与える価値」があります。

次に考えるべきは「キーアクティビティ」です。**キーアクティビティとは「主要な活動」**です。つまり、与える価値を生み出し、それをお客様に届け、販売後のサポートまで、自社や自組織にどのような活動が主に必要とされるかを記載する部分です。

「キーリソース」を考えましょう。**「キーリソース」は「主要な資源」**です。与える価値を生み出し、それをお客様に提供し、販売後もサポートするために必要な資源を記載します。資源は本書で説明した5つの経営資源であるヒト・モノ・カネ・ジョウホウ・ジカンという観点で書きます。

一番左側の**「キーパートナー」とは「主要な外注先」**と考えてください。現代のビジネスでは、パートナーと価値を創造していくことがほとんどです。本書で述べたように、価値を生み出す主要な知識や技術、能力は自社で持っておくべきですが、それ以外については外部調達することがほとんどです。これらの主要な外注先を記載します。

「キーパートナー」から仕入れ、「キーリソース」を活用し、「キーアクティビティ」で与える価値を生み出します。このとき、ヒト・モノ・ジョウホウ・ジカンが動くと必ずカネがかかります。つまり、**費用・経費がかかる**ということです。

この費用を左下の**「コスト」に記載**します。ここまでが左半分です。

この5つの要素の筋が通っていないとキャッシュアウトはうまく回りません。キャッシュアウトが回らないということは、与える価値を生み出せないということと同じです。

左半分は仕入（購買）、生産、オペレーション戦略要素が含まれます。こちらも事業計画書で細かく定義する必要がありますので、その骨子をビジネスモデルで考えておくという目的も含まれています。

最後に、右下の「収入」と、左側の「コスト」を見比べます。収入がコストを上回っていれば、利益が出て次への投資ができます。反対にコストが収入を上回っていれば赤字です。

この場合、すべての要素のバランスの筋が通っていないので赤字になります。もちろん新規事業の初年度から黒字になることはないかもしれませんが、その場合は事業開始後3～5年の収入とコストバランスを見て、投資回収期間や単年度黒字化するポイントなどを、このフレームワークで把握することが可能です。

本書ではこのフレームワークを使い、主に新規事業における重要な要素の「バランス」を重視しています。この後も細かく各要素を見ていきます。

新規事業の決裁においては、資料やプレゼンテーションですでに説明した概念図やフローチャートを利用した図解が必要になる場合もあります。その場合は、このフレームワークでバランスをしっかり調整してから図解をしていくようにしましょう。なによりも重要なのは、新規事業を成功させるために考えるということです。

図解は手段であって、皆さんの目的・目標ではありません。

ビジネスモデルを可視化させ、無理・無駄がないか、バランスはよいかを確認し、皆さんの新規事業の成功率を高めることが重要なのです。

34日目

新規事業の「価値」を考える

ビジネスモデル・キャンバスのそれぞれの要素を見ていきましょう。ビジネスモデルについては新規事業に必要な部分に絞って、アレンジしながら簡潔に説明していきます。

例は、教育研修会社での新規事業構想にしましょう。前提として、当該研修会社のメインビジネスは企業研修の提供だとします。

現在は、企業先まで講師を派遣し、教育研修を提供しているＢｔｏＢに特化している会社です。この会社では、お客様からのニーズや課題の変化への対応に悩まされていました。

例えば、今までは企業研修を土日なども活用し集合研修方式で実施していました。しかし働き方改革や残業時間の改善などで、研修のために土日にまとまった時間を確保することができなくなってきたという、お客様の課題がありました。

また、働き方が多様になり、自宅勤務やお客様先での勤務など、従業員が会社に集まることも難しくなっている事態にお客様は課題を感じていました。

さらに多くのお客様企業では、社内研修の内容や実施頻度、受講記録や習熟度の分析などのプロセスなどを変えず、教育研修に関する全体のコスト削減を経営から指示されていました。一般的に、社内研修の企画・設計・実施は人事部などの部署が行うことが多いのですが、昨今の働き方改革の対応で、業務量が増え、企業研修の各種調整に手が回らない状況でした。特に大企業にこのような傾向が多く見られはじめた状態でした。

このような市場の状態だったとします。

そこで、この研修会社では、ＩＴと企業研修を結合させ、さらに、当該企業は研修会社として、研修を設計するコア・コンピタンスを有していたためこの能力も結合させました。

他の能力として有していたのは、オンラインと対面営業を組み合わせたスピーディーなマーケティング、そして、オンラインマーケティングのときに利用する映像編集技術など。これらをさらに結合しました。その他の社内能力や技術、知識も結合させたとします。そして、メガトレンドである「働き方の改革」を結合し、「eラーニング事業」の６Ｗ２Ｈを新ビジネスアイデアとして書き上げていたとします。

ビジネスモデル・キャンバスで最初に考える部分は「与える価値」です。本書で何回も説明していますが、世の中の課題が解決されなければ、対価は得られません。お客様の課題を解決することがお客様への価値（ベネフィット）の提供です。

では、その「価値」とは何なのかを考えてみてください。

皆さんはすでに6W2Hで考えていますので、その中のＷｈａｔとＷｈｙをより深く掘り下げて価値の源泉を考えていきましょう。皆さんの中で、Ｗｈｙの部分に市場の課題やお客様の課題を書かれている方はそれを深く掘り下げていきましょう。Ｗｈｙの部分にお客様の課題が書かれていない場合は、今一度、なぜ新規事業をやるのか、具体的にどんな課題解決のためにやるのかを考えていきましょう。

お客様の課題解決のために、利便性がよいのか、価格が魅力的なのか、時間的な魅力があるのか、ブランドやステータスとしての魅力があるのか、安心・安全・リスク低減に魅力があるのか、形状・デザインに魅力があるのか、取引形態やプロセスなどに魅力があるのかなど、多角的に価値の源泉を見つけ、ビジネスアイデアシートに簡潔に記載していきましょう。

次に、先ほどのｅラーニング事業の「与える価値」をビジネスモデル・キャンバス（Ｐ１２３の図）に記載していきます。

お客様の課題から、例えば「時間と場所の制約がないｅラーニング学習の場」「オンサイト研修の講師ニュアンスを伝える映像型コンテンツ」「ＩＴを活用したスピーディーな契約・決済」などを設定します。

まず、お客様の課題であった、複数の従業員を長時間確保できないという課題を、ＩＴを活用したｅラーニングで解決しようと考えてみます。しかし、ｅラーニング自体は課題もあります。

顧客との関係

顧　客

チャネル

収　入

【図 19】eラーニング事業の「与える価値」

キーパートナー

キーアクティビティ

キーリソース

与える価値

- 時間と場所の制約がないオンライン学習の場
- オンサイト研修の講師ニュアンスを伝える映像型コンテンツ
- ITを活用したスピーディーな契約・決済

……etc.

コスト

例えば、皆さんも経験したことがあるかもしれませんが、パソコンやスマホ、タブレットに表示された文書を読んだり、図を見たりするだけの学習は退屈であり、学習効果や品質という点でも課題があります。

そこで、テレビやストリーミング配信のような映像型にし、まるでテレビ番組を見るように学べるような価値を提供しようと、考えを一歩進めてみます。映像型にすることで、講師の伝える内容を細かいニュアンスまで受講者に伝えることができ、お客様への研修品質確保につなげることができそうです。

ＩＴを活用したｅラーニングであるため、同時に人事担当者の負荷をＩＴで解決できないかと考えてみます。つまり、研修の調整や契約、決済に関わる工数を、ＩＴを駆使して削減し、価値を提供できないかと考えてみるのです。

これらは例ですが、このように考えを広げてみたりして、お客様の課題を解決する価値を「与える価値」に加筆していきましょう。このとき、「与える価値」が何個も見つかり書ききれなくなる場合があります。それはそれで素晴らしいことです。

しかし、新規事業の場合、あれもこれもとやってしまうと、現実問題として経営資源が足りなくなってしまったり、分散してしまったり、また、決裁者へのプレゼンの際、訴求ポイントが分散してしまう可能性があります。したがって、市場やお客様の課題が大きいもの、そして課題解決ができるものを選択し、３〜５つほどに絞ることをお勧めしています。

36日目

ターゲット顧客と価値の伝達方法を考える❶「顧客」

ここでは、ビジネスモデル・キャンバスの右側を一緒に考えていきましょう。**与える価値を明確にしたら、次は価値を提供する「顧客」を明確にしていきます。**6W2HではWhom（誰に）の部分です。

課題を持っているお客様を明確にイメージしながら簡潔に書きましょう。そして、新規事業はビジネスですから、課題を解決したらそれを価値と認識していただき、喜んで対価をお支払いいただけるお客様を明確にイメージしましょう。

明確にイメージするポイントとしては、例えば、まず、そのお客様は、消費者なのか、企業・組織なのかを考えましょう。

お客様が消費者であれば、新規事業はBtoC（企業・消費者間取引）ビジネスであり、お客様が企業・組織であれば新規事業はBtoB（企業間取引）となります。

さらに、BtoCの場合、ターゲットのお客様の年代、性別、居住地域、所得、職種、家族構成など、課題をお持ちの消費者をイメージできるぐらい明確化しましょう。BtoBの場合、ターゲットのお客様の企業や組織の業種・業態、資本金や売上高、本社所在地、部署、アプローチ先の役職、従業員数など、課題をお持ちの企業や組織をイメージできるぐらい明確化しましょう。

皆さんのビジネスモデルの場合、ターゲット顧客が複数いる場合があります。例えば、現在一般的になった「フリーミアム」というビジネスモデルなどです。

ソーシャルメディアなどは、一般利用者は無料でそのサービスを利用できます。無料で利用できるのは、企業の広告を掲示し広告収入を得ているからです。この場合、お客様は一般利用者と、広告主の二者になります。

この場合、「顧客」には双方のターゲットを明確に記載していきましょう。なぜならば、この二者双方にしっかりと価値を提供し課題を解決しなければ、ビジネスが回らないからです。利用者が少なければ、広告主を得ることも難しくなります。広告主がいないとサービス自体を一般利用者に提供できなくなります。

昨今では、ＢｔｏＢｔｏＣや、ＣｔｏＢｔｏＣといったさまざまなビジネスモデルも登場しています。こうした場合でも、課題を解決する価値を提供する顧客を分けて明確にしましょう。

なお、顧客が分かれるということは、それぞれの顧客の課題も分かれている可能性が高いため、その場合は「与える価値」も顧客に合わせて明確に分けて記載しましょう。これが各要素の「バランスを取る」という作業です。

ここでひとつアドバイスがあります。もしも、皆さんが新規事業構想や開発が初めてという場合、このような複数の顧客の課題を一気に解決する新規事業は難易度が高いということを覚えておいてください。**もし可能であれば、ターゲット顧客が1つで、集中して1つの顧客に向き合い課題解決し、価値を提供できる新規事業を構想することを強くお勧めします。**

これは私も失敗の経験があるのですが、限られた時間や資源の中で、複数のターゲットの顧客の課題を解決し、そのバランスを取るのはたいへん難しいことです。

1つのターゲットがうまくいかない場合、他方のターゲットにも価値を提供することができなくなってしまうのです。また資源が足りなくなったり、時間が足りなくなったりすることもあります。

イメージとしては、テニスコートで、自分ひとりに対して、相手側に2名以上いるという状態です。相手はそれぞれの課題をボールとして打ち込んできます。その課題を解決するためにそれぞれのボールを自分ひとりで打ち返し、それを続けていくようなイメージです。

どうしても、複数の顧客が登場人物として必要な場合は、課題解決の順番をフェーズ分けすることをお勧めします。

例えばWEBサービスなどの場合は、利用者の利便性を先に追求し、価値を提供し、利用者数を目標まで増加させます。その多くの利用者自体が価値の源泉となり、その後にその利用者を活用して企業への価値提供などをしていたりします。

引き続き、eラーニング事業の例をもとに顧客を明確にしていきましょう。

顧客との関係	顧　客
	【BtoB】 ●企業属性：情報サービス業／資本金5,000万円以上／従業員数200名以上／年商30億円以上 ●本社所在地：東京 ●アプローチ先：人事部長 ●課題：研修効率化／コスト削減 ●顧客属性：既存顧客／新規顧客 ……etc. 【BtoC】 ●ユーザ属性：30～40代／企業所属／係長～課長 ●状況：所属企業から研修受講を命じられている ●支払：会社経費 ●課題：日々の仕事で忙しく研修を受講しづらい／手続きが面倒 ……etc.
チャネル	
収　入	

【図 20】eラーニング事業の「顧客」

キーパートナー

キーアクティビティ

キーリソース

与える価値

●時間と場所の制約がないオンライン学習の場
●オンサイト研修の講師ニュアンスを伝える映像型コンテンツ
●ITを活用したスピーディーな契約・決済
……etc.

コスト

前のページの図をご覧ください。先ほど説明した複数の顧客が存在する新規事業を皆さんが構想する可能性も考え、ＢｔｏＢとＢｔｏＣと分けて書いてみましょう。

まず、ＢｔｏＢを想定します。ターゲットは情報サービス業とし、資本金５０００万円以上、従業員数２００名以上、年商30億円以上、本社所在地は東京、アプローチ先は人事部の人事部長としたりします。

このお客様の課題は、すでに説明した、既存の企業研修に関する効率化や品質を維持したコスト削減だとしましょう。また、ターゲット層の中でこの課題を持つ新規顧客、既存顧客双方を対象にすることとしましょう。

ＢｔｏＣを想定してみましょう。ターゲットは30～40代、企業所属、係長や課長の役職、所属企業から自ら特定の研修を探し受講することを命じられている、受講費用は所属企業で経費精算するお客様を想定しましょう。

このお客様も、日々の仕事で忙しいのに、研修を受けなければならないという課題があったとします。また、そのための面倒な手続きも課題であったとします。このお客様層にも、ｅラーニング事業の時間と場所の制約がない学びの場という価値で、例えば移動中にスマートフォンで映像を見ながらわかりやすく、そして楽しく受講できたり、ＩＴを活用した契約や支払などで迅速な決済や領収書発行などができたりすることで価値が提供できると想定したとしましょう。

38
日目

ターゲット顧客と価値の伝達方法を考える❷「顧客との関係」

「顧客」を明確にしたら、次は「与える価値」と「顧客」を結ぶ「顧客との関係」を明確にしていきましょう。

ここでは、すでに皆さんが考えた6W2HのHowやWhereなども関連してきます。今一度、6W2Hを定義したビジネスアイデアシートをご確認ください（P53）。

まずは、「顧客との関係」についてです。「顧客との関係」では、ターゲットの顧客に対してどのような目的をもってどう関係していくのかを明確にします。

例えば、一度きりの取引である「フロービジネス」の関係なのか、定期的な取引である「ストックビジネス」の関係なのか、人を介さない自動的またはセルフサービスの関係なのか、手厚い親切な対面での関係なのか、など多角的に考えていきます。

オンラインの映画や音楽などのストリーミング配信サービスの顧客との関係性は、セルフサービスでWEB経由での人を介さない関係です。しかし、定額制見放題のストックビジネスのものや、1つ見るたびにいくらというようなフロービジネスのようなものもあります。

なぜ、このような違いがあるかというと、提供する価値と、課題を持ったお客様のターゲッ

顧客との関係

【BtoB】
●リピート取引を目的とした営業担当による親切な対応
●定額制継続取引／1回限りの取引の双方を用意
……etc.
【BtoC】
●スピードを重視したセルフサービス
●1度限りの取引を重視
……etc.

顧　客

【BtoB】
●企業属性：情報サービス業／資本金5,000万円以上／従業員数200名以上／年商30億円以上
●本社所在地：東京
●アプローチ先：人事部長
●課題：研修効率化／コスト削減
●顧客属性：既存顧客／新規顧客
……etc.
【BtoC】
●ユーザ属性：30～40代／企業所属／係長～課長
●状況：所属企業から研修受講を命じられている
●支払：会社経費
●課題：日々の仕事で忙しく研修を受講しづらい／手続きが面倒
……etc.

チャネル

収　入

【図21】eラーニング事業の「顧客との関係」

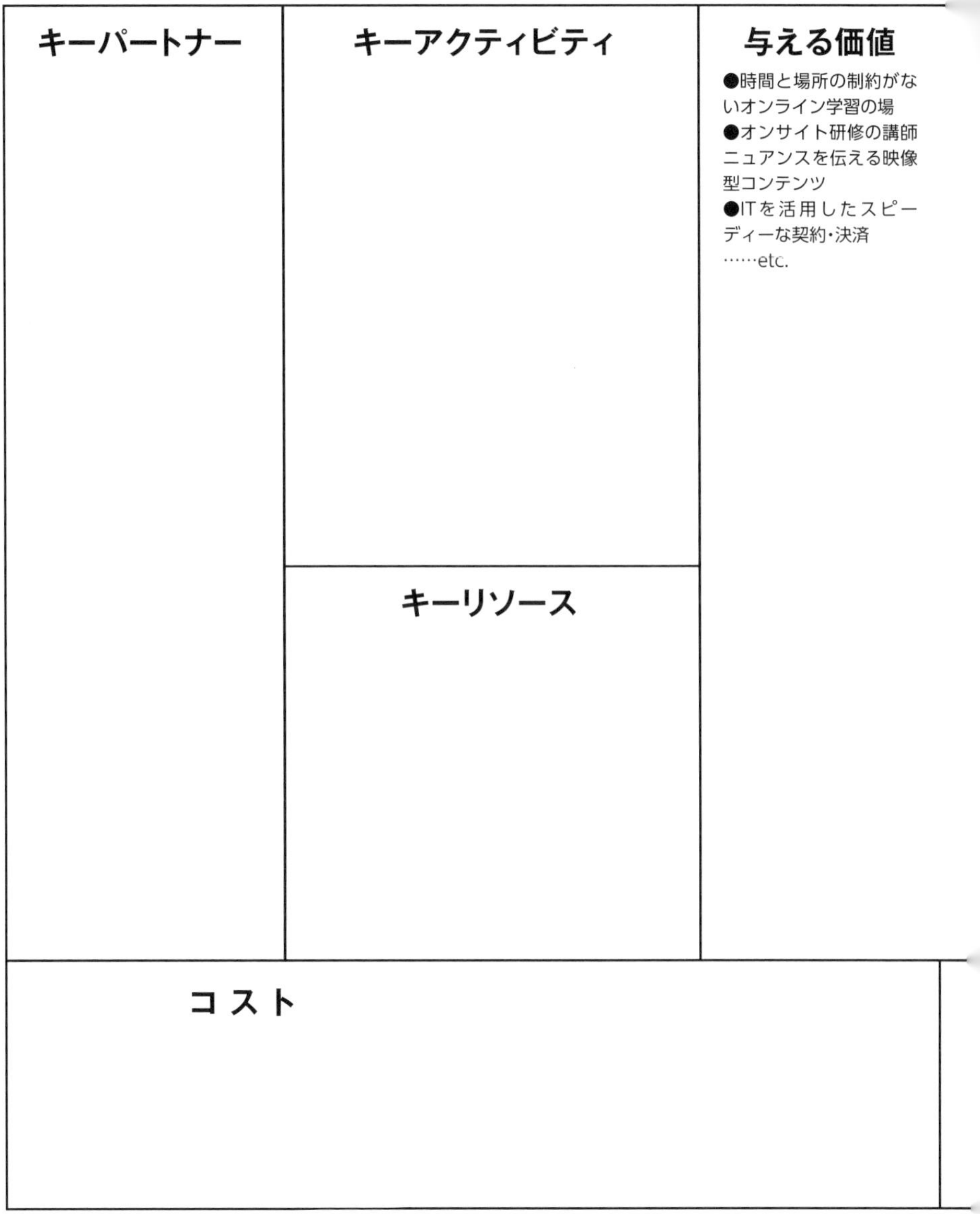
キーパートナー
キーアクティビティ
キーリソース
与える価値
●時間と場所の制約がないオンライン学習の場
●オンサイト研修の講師ニュアンスを伝える映像型コンテンツ
●ITを活用したスピーディーな契約・決済
……etc.
コスト

トが異なるからです。

例えば、とある顧客の課題は頻繁に映画を見たり、音楽を聴いたりすることはないけれど、必要なときにレンタルビデオやCDショップに行ったりするのが面倒、もしくは近くにそのような店がないというような課題だったとします。

この場合、頻繁に必要ではないので、必要なときの取引が最適であり、フロービジネス的な関係が価値を提供するのに適切だったりするのです。

逆に、頻繁に映画を見たり、音楽を聴いたりする人は、利便性の課題に加え、サービス利用の料金を少なくしたいという課題もあるかもしれません。この場合は定額制などのストックビジネス的な継続取引の関係性で価値を提供することが望ましかったりするのです。

すでに説明したように、顧客が複数いる場合で、それぞれの顧客に異なった関係を設定する必要があれば、「顧客との関係」にそれらを分けて記載していきます。

P132の図はeラーニング事業の「顧客との関係」の例です。

BtoBの関係性は、リピートを目的とした営業担当による親切な対応とします。また、取引は定額制継続取引と一度だけの取引、つまりストックとフローの双方を用意します。BtoCの関係は、スピーディーな取引を目的としたセルフサービスとします。取引は一度だけの取引の関係としフロービジネスの関係性を構築します。皆さんのビジネスアイデアでも顧客との関係を明確にしていきましょう。

40日目

ターゲット顧客と価値の伝達方法を考える❸「チャネル」

次は「チャネル」を考えていきましょう。

チャネル（媒体や経路）とはターゲットとするお客様に対して、「課題解決のための価値を提供している」ということを伝える媒体や経路、実際の価値をターゲット顧客に対して届ける媒体や経路、購入後の満足度を高めるためのサービスを提供する媒体や経路などです。

つまり、当該価値を提供するにあたり必要なお客様接点の媒体や経路を定義するということです。

接点は複数ありますが、本書では新規事業で必ず考えなければならない3点に特化してお伝えします。それは、購入前の接点、購入時の接点、購入後の接点です。

簡単にいえば、マーケティング上で主に利用する接点や経路、主な購入場所や経路、アフターサービスもしくはCRM（顧客関係管理）で主に利用する接点や経路の3つです。

この接点や経路も、与える価値とターゲット顧客とをしっかり結べるように筋が通っていなければ新規事業はうまくいきません。

例えば、安心・安全・おいしいパンを食べたいという50〜60代の女性の消費者の課題やニー

ズがあったとします。新規事業を考えている会社は、独自の製法でケーキのように甘くておいしく、安心・安全な「焼き立てのパン」を提供でき課題を解決しようとしていたとします。

このとき、まず、主な購入時の接点はどういったものが最適でしょうか。

インターネットでの通信販売がよいでしょうか。それとも店舗がよいでしょうか。店舗のほうが適切であると思われた方が多いかもしれません。

なぜならば、焼き立てのパンは焼き立てがなんといってもおいしく、通信販売ですと、配送中に鮮度が落ちてしまいかねません。また、ターゲット顧客の年齢層を見ると、店舗のほうがご購入いただける可能性が高そうです。

次に購入前のマーケティング上で主に利用する接点や経路はどうでしょうか。

まず、店舗での販売が適切であると思われるため、店舗自体がマーケティングの媒体になる可能性が高いのです。

例えば店舗の看板や店舗から薫るパンの匂い、店舗のディスプレイなどが購入前接点などがマーケティングの要素になりえます。

店舗に誘導するための媒体として、店舗に誘導するための地域を考慮しSEOを設定したWEBサイトや、店舗近くの住宅へのポスティングのチラシなども考えられるかもしれません。

購入後のCRMの接点としては、お問合せ窓口として電話を用意したり、次の購入をうながすポイントカードや、メルマガやLINE会員制度などをしたりしてもよいかもしれません。

このように、「与える価値」と「ターゲット顧客」を結び、課題を解決し価値を提供するために適切な媒体や経路を考えることがチャネルでは重要です。

先ほどのeラーニング事業の例で見てみましょう。P138の図をご覧ください。

まずは、BtoBのお客様の購入前チャネルは、営業担当による対面営業、人事・教育研修関連のキーワードでSEO設定したWEBページ、同様のターゲットを明確にしたリスティング広告、人事・教育関連の展示会への出展などが考えられます。価値を提供する媒体や経路はインターネットや当該サービスを提供するWEBサービスのアプリケーションとなるはずです。購入後のCRMの接点としては、システム利用に関するお問合せ窓口（メールや電話）、そして営業担当からの定期的な接点などが考えられます。

次にBtoCのチャネルを考えてみましょう。すでに説明したBtoCのターゲット顧客の課題解決のためには、購入前のチャネルとして、研修を検索しているターゲット顧客を想定しSEO対策したWEBページ、そしてターゲット顧客を設定したリスティング広告などが挙げられます。

価値を提供する媒体や経路はBtoBと同じくインターネットを介したWEBサービスやそのアプリケーションになります。購入後のCRMの接点として、システム利用に関するお問合せ窓口（メールや電話）、そして次回のご購入をうながすためのメルマガやLINE会員制度による定期的な情報提供などが考えられます。

顧客との関係

【BtoB】
●リピート取引を目的とした営業担当による親切な対応
●定額制継続取引／1回限りの取引の双方を用意
……etc.
【BtoC】
●スピードを重視したセルフサービス
●1度限りの取引を重視
……etc.

顧　客

【BtoB】
●企業属性：情報サービス業／資本金5,000万円以上／従業員数200名以上／年商30億円以上
●本社所在地：東京
●アプローチ先：人事部長
●課題：研修効率化／コスト削減
●顧客属性：既存顧客／新規顧客
……etc.
【BtoC】
●ユーザ属性：30～40代／企業所属／係長～課長
●状況：所属企業から研修受講を命じられている
●支払：会社経費
●課題：日々の仕事で忙しく研修を受講しづらい／手続きが面倒
……etc.

チャネル

【BtoB】
●購入前：営業担当による対面営業／WEB（SEO対策／リスティング広告）／展示会出展
●サービス提供：インターネット／WEBサービスアプリケーション
●購入後：お問合せ窓口（メール／電話）／営業担当による定期的接点
……etc.
【BtoC】
●購入前：WEB（SEO対策／リスティング広告）
●サービス提供：インターネット／WEBサービスアプリケーション
●購入後：お問合せ窓口（メール／電話）／メルマガやLINEによる定期的接点
……etc.

収　入

【図22】eラーニング事業の「チャネル」

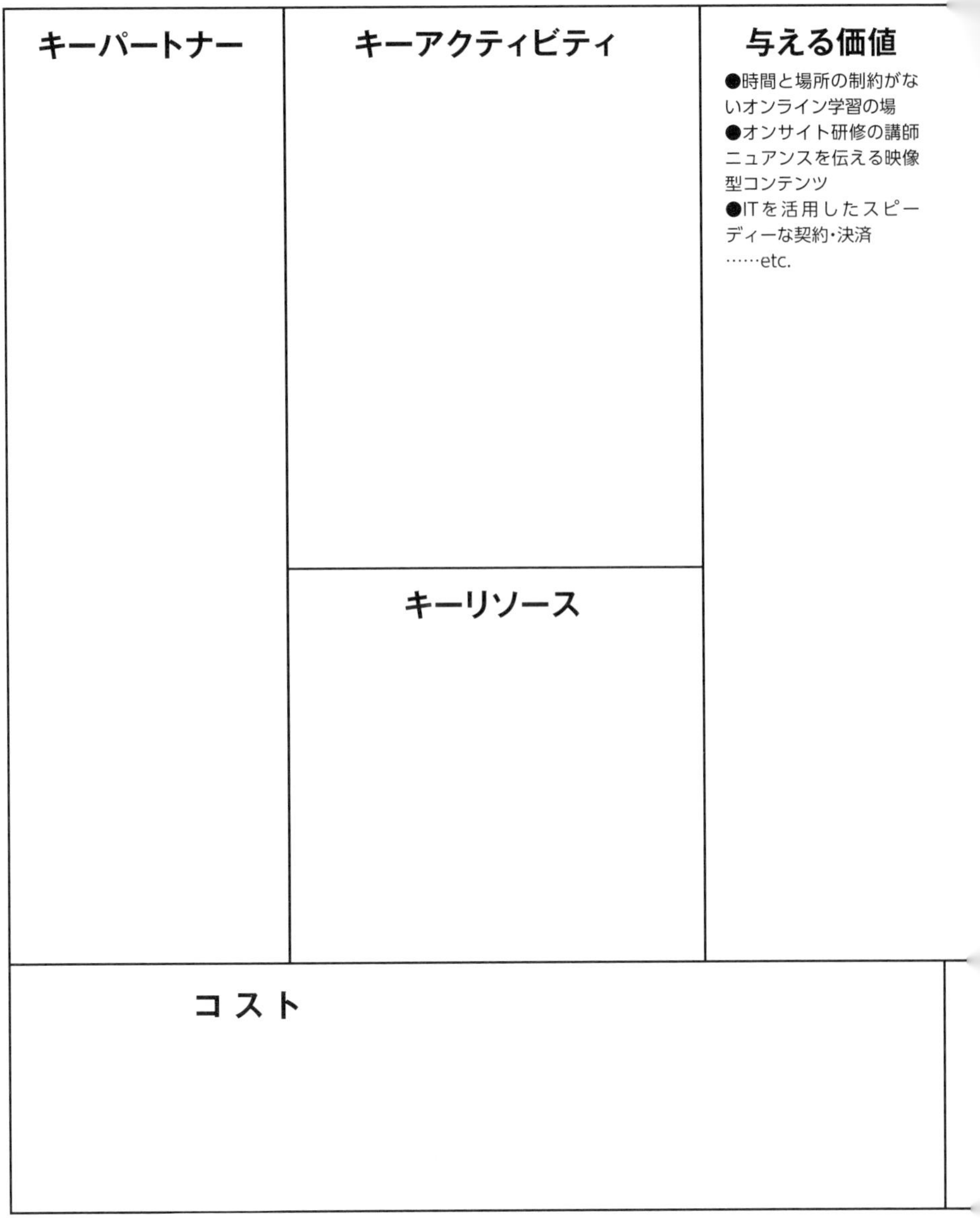
キーパートナー
キーアクティビティ
キーリソース
与える価値
●時間と場所の制約がないオンライン学習の場
●オンサイト研修の講師ニュアンスを伝える映像型コンテンツ
●ITを活用したスピーディーな契約・決済
……etc.
コスト

ここまでビジネスモデル・キャンバスの右側の４つの要素を見てきました。ご自身の新ビジネスアイデアでも作ってみましょう。

すると、本書で述べた各要素のバランスや筋を通すのが難しいことがわかっていただけると思います。

また、勘の鋭い方なら、要素を考えるときに「あのビジネスのあの手法が使えないかな」と考えていると思います。それがまさに新結合のひとつでもあります。

さまざまな業界の要素を分解し、使えるものを結合し試してみるのもとても大切です。

この４つの要素のバランスが悪かったり筋が通せない場合、価値がお客様に提供できず、したがって対価は得られません。**パズルのピースとピースが気持ちよく合うように、要素が合わさってはじめて価値が提供でき、お客様の課題が解決され、したがって対価が得られるのです。**

ビジネスモデル・キャンバスの右側をすべて完成させるには「収入」の要素を完成させる必要がありますが、お金に関わる要素については、この後にまとめてお伝えしようと思います。

41日目

価値を生み出す源泉を考える❶「キーアクティビティ」

ビジネスモデル・キャンバスの左側を考えていきましょう。

左側は「与える価値」をどのように生み出すかという部分です。ここでもすでに皆さんが定義したビジネスアイデアシートの6W2Hの中で、HowやWho、Whereが関連してきます。今一度ビジネスアイデアシートをご確認ください（P53）。

まずは**「キーアクティビティ」から見ていきましょう。キーアクティビティは価値を生み出し、その価値をお客様に届け、購入後のサポートをするための主要な活動**です。

簡単に説明すると、**価値を「作る」「売る」「サポート」において、重要かつ主要な活動は何かということを明確にします。**

なお、ここでの主要な活動とは、新規事業開始後の主要活動となります。つまり、新規事業運営で必要な活動です。皆さんが現在頑張っている新規事業構想や開発の活動ではありません。

例えば、ラーメン屋さんを独立開業しようとしている人がいたとします。自分のお店の運営をやりくりするために、まず価値を作る部分では、仕入、調理、新メニューの継続開発、店舗の清掃、適切な役所や関連団体への届出更新、店舗や道具のメンテナンス、人財の採用、会計

処理などさまざま出てくることでしょう。

そして、価値を売るにはマーケティング活動が必要ですから、例えばＷＥＢページの更新、マーケティング施策の実施、広告掲出、ポイントカードによる顧客管理、売ったときの売上管理、などいろいろな活動が考えられます。

サポートとしては、忘れ物や体の不調を訴えた方がいた場合の電話窓口対応やメール対応、店舗での対応なども考えられると思います。

例えば、同じラーメン屋でも、大手飲食業の会社が新業態でラーメン店を始めたらどうでしょうか。この場合、同じラーメン屋でも主要活動が変わる可能性が高いです。

例えば、売る活動としてはテレビＣＭの放映をしたり、サポートでは全社ですでに運用しているカスタマーセンターにて一括で対応したり、仕入と初期調理は工場で行うなど、変化していきます。

では、なぜ同じ業種・業態でもキーアクティビティが変わってくるのでしょうか。

勘の鋭い方はすでにおわかりだと思います。それは「与える価値」や「ターゲット顧客」が異なるからです。さらに、それを適切につなぐ「顧客との関係」「チャネル」などが同じ業種・業態でも異なるからでもあります。

したがって、これらに対応するキーアクティビティも必然的に変わってきます。新規事業とはこのようにそれぞれの要素に独自性があるのです。

eラーニング事業の例で見てみましょう。

まずは価値を創る部分としては、映像型コンテンツの企画・制作、eラーニングシステムの維持・管理・アップデート、講師の採用・育成または外部講師との契約、受講証明書の発行や受講データの提供、会計、法務などいろいろと考えられます。

次に、価値を売る主要な活動はBtoBとBtoCで分けてみましょう。

BtoBは対面営業、WEBの保守・SEO対策、リスティング広告対応、契約書・請求書対応などが考えられます。

BtoCでは、WEBの保守・SEO対策、リスティング広告、オンライン決済、の他に、キャンペーン企画・実施、メルマガ配信、領収書対応なども考えられます。最後に価値のサポートとしては、BtoBは顧客サポート（対面・オンライン・電話）などを完備し、BtoCは顧客サポート（オンライン・電話）を完備したとします。

このように、皆さんの新ビジネスで必要な主要なアクティビティを想像し、明文化しましょう。

顧客との関係	顧　客
【BtoB】 ●リピート取引を目的とした営業担当による親切な対応 ●定額制継続取引／１回限りの取引の双方を用意 ……etc. 【BtoC】 ●スピードを重視したセルフサービス ●１度限りの取引を重視 ……etc.	【BtoB】 ●企業属性：情報サービス業／資本金5,000万円以上／従業員数200名以上／年商30億円以上 ●本社所在地：東京 ●アプローチ先：人事部長 ●課題：研修効率化／コスト削減 ●顧客属性：既存顧客／新規顧客 ……etc. 【BtoC】 ●ユーザ属性：30～40代／企業所属／係長～課長 ●状況：所属企業から研修受講を命じられている ●支払：会社経費 ●課題：日々の仕事で忙しく研修を受講しづらい／手続きが面倒 ……etc.
チャネル 【BtoB】 ●購入前：営業担当による対面営業／ WEB（SEO対策／リスティング広告）／展示会出展 ●サービス提供：インターネット／ WEBサービスアプリケーション ●購入後：お問合せ窓口（メール／電話）／営業担当による定期的接点 ……etc. 【BtoC】 ●購入前：WEB（SEO対策／リスティング広告） ●サービス提供：インターネット／ WEBサービスアプリケーション ●購入後：お問合せ窓口（メール／電話）／メルマガやLINEによる定期的接点 ……etc.	
収　入	

【図 23】e ラーニング事業の「キーアクティビティ」

キーパートナー

キーアクティビティ

【オペレーション（価値創造）】
●映像型コンテンツの企画・制作／ e ラーニングシステムの維持・管理・アップデート／講師の採用・育成／講師との契約／受講証明書発行／受講データの提供／会計／法務……etc.
【マーケティング（価値の伝達）】
<BtoB>
●対面営業／ WEBの保守・SEO対策／リスティング広告対応／契約書・請求書対応……etc.
<BtoC>
●WEBの保守・SEO対策／リスティング広告／オンライン決済／キャンペーン企画・実施／メルマガ配信／領収書対応……etc.
【サポート（価値のサポート）】
<BtoB>
●対面・オンライン・電話による顧客サポート
<BtoC>
●オンライン・電話による顧客サポート

与える価値

●時間と場所の制約がないオンライン学習の場
●オンサイト研修の講師ニュアンスを伝える映像型コンテンツ
●ITを活用したスピーディーな契約・決済
……etc.

キーリソース

コスト

42日目

価値を生み出す源泉を考える❷「キーリソース」

次は「キーリソース」を考えていきましょう。

「キーリソース」は「主要な資源」です。与える価値を生み出し、それをお客様に提供し、販売後もサポートするために必要な資源を記載します。

資源は、本書で説明した5つの経営資源であるヒト・モノ・カネ・ジョウホウ・ジカンという観点で必要なものを明確化していきます。

カネは資源ではなく、左下にある「コスト」ではないかと感じられる人がいるかもしれません。この場合のカネとは、お金自体が価値を生み出すために必要な資源のことであり、コストとは異なります。

皆さんのビジネスの中には、お金という資源がなければ価値が提供できないビジネスもあるでしょう。

例えば、貸金ビジネスの場合はカネ自体が資源になり得ます。ジカンも同様にジカン自体が価値を生み出す、価値を提供する、もしくは価値をサポートする資源である場合もあります。

例えば、ワインなどは熟成させる時間自体が価値の源泉となる可能性があります。

モノについては、目に見えるものと目に見えないものがあります。

例えば、目に見えるものとしては、ＩＴ機器類、機械、店舗、車などがあります。

目に見えないものとしては、例えば、皆さんが考えている価値を生み出すための知的財産などだったり、店舗の雰囲気だったり、このような目に見えないモノも明確化していきましょう。

このように、主要な資源は目に見えるもの目に見えないものにかかわらず、価値を生み出し、提供し、サポートするのに必要なものを、具体的にイメージし書き出しましょう。また、与える価値、顧客、顧客との関係、チャネル、キーアクティビティを見ながら筋が通るように書きだしましょう。

これらの他の要素が、例えば、すでに解説したように、ＢｔｏＢやＢｔｏＣで分かれている場合で、かつ必要な主要資源が異なる場合は、キーリソースも分けて明確に書きましょう。

ｅラーニング事業の例で見てみましょう。Ｐ１４９の図をご覧ください。

ＢｔｏＢ、ＢｔｏＣ共通のモノとしては、ｅラーニングシステムアプリケーション、撮影機材、撮影スタジオ、オフィス、ＷＥＢサイト、外部の教材を利用するのであれば教材コンテンツライセンス、会計管理システムなどが必要だったとしましょう。

ヒトとしては、事務担当、ＷＥＢ担当、講師担当、管理者などが必要だとしましょう。

ジョウホウとしては、例えば、外部講師も講師として必要な場合に、外部講師リストなどの情報も必要かもしれません。

顧客との関係	顧　客
【BtoB】 ●リピート取引を目的とした営業担当による親切な対応 ●定額制継続取引／１回限りの取引の双方を用意 ……etc. 【BtoC】 ●スピードを重視したセルフサービス ●１度限りの取引を重視 ……etc.	【BtoB】 ●企業属性：情報サービス業／資本金5,000万円以上／従業員数200名以上／年商30億円以上 ●本社所在地：東京 ●アプローチ先：人事部長 ●課題：研修効率化／コスト削減 ●顧客属性：既存顧客／新規顧客 ……etc. 【BtoC】 ●ユーザ属性：30～40代／企業所属／係長～課長 ●状況：所属企業から研修受講を命じられている ●支払：会社経費 ●課題：日々の仕事で忙しく研修を受講しづらい／手続きが面倒 ……etc.
チャネル 【BtoB】 ●購入前：営業担当による対面営業／WEB（SEO対策／リスティング広告）／展示会出展 ●サービス提供：インターネット／WEBサービスアプリケーション ●購入後：お問合せ窓口（メール／電話）／営業担当による定期的接点 ……etc. 【BtoC】 ●購入前：WEB（SEO対策／リスティング広告） ●サービス提供：インターネット／WEBサービスアプリケーション ●購入後：お問合せ窓口（メール／電話）／メルマガやLINEによる定期的接点 ……etc.	

収　入

【図 24】eラーニング事業の「キーリソース」

キーパートナー

キーアクティビティ

【オペレーション（価値創造）】
●映像型コンテンツの企画・制作／eラーニングシステムの維持・管理・アップデート／講師の採用・育成／講師との契約／受講証明書発行／受講データの提供／会計／法務……etc.
【マーケティング（価値の伝達）】
<BtoB>
●対面営業／WEBの保守・SEO対策／リスティング広告対応／契約書・請求書対応……etc.
<BtoC>
●WEBの保守・SEO対策／リスティング広告／オンライン決済／キャンペーン企画・実施／メルマガ配信／領収書対応……etc.
【サポート（価値のサポート）】
<BtoB>
●対面・オンライン・電話による顧客サポート
<BtoC>
●オンライン・電話による顧客サポート

キーリソース

【モノ】
●BtoB／BtoC共通：eラーニングシステムアプリケーション／撮影機材／撮影スタジオ／オフィス／WEBサイト／教材コンテンツライセンス／会計管理システム……etc.
●BtoB：契約・請求書管理システム……etc.
●BtoC：決済管理システム／領収書発行システム／メルマガシステム……etc.
【ヒト】
●BtoB／BtoC共通：事務担当／WEB担当／講師担当／電話・メール顧客対応担当／管理者……etc.
●BtoB：営業担当……etc.
【ジョウホウ】
●BtoB／BtoC共通：外部講師リスト……etc.

与える価値

●時間と場所の制約がないオンライン学習の場
●オンサイト研修の講師ニュアンスを伝える映像型コンテンツ
●ITを活用したスピーディーな契約・決済
……etc.

コスト

その中でＢｔｏＢに特化して必要な資源としては、他の要素と筋を合わせた場合、モノとして契約・請求書管理システム、ヒトとしてＢｔｏＢの営業担当が必要になることでしょう。

ＢｔｏＣに特化して必要なモノとしては、顧客との関係でセルフサービスを定義していましたので、決済管理システムを導入し、お客様自身でＷＥＢから決済をしていただくことも必要です。

また、ＢｔｏＣのお客様は、会社に受講料を経費精算する人をターゲットとしていましたので、領収書発行システムなども必要ということです。

このように、今まで定義した要素と合うように、必要な主要資源を書きましょう。もしも、筋が通らない場合でも、それぞれの要素を微調整し、筋が通るようにしましょう。皆さんの新ビジネスアイデアで実際にやってみましょう。

43日目

価値を生み出す源泉を考える❸「キーパートナー」

次は「キーパートナー」を見てみましょう。**「キーパートナー」とは「主要な外注先」**です。

すでに述べたように、価値の源泉は自社で有しているべきですが、現代のビジネスにおいては、ビジネスのすべてを自社で行うことはあまり得策ではありません。

例えば、極端な話ですが、カフェを新規事業でやろうとしていて、その新規事業の価値の源泉は独自のコーヒーの淹れ方だとします。

この場合、提供するコーヒーの原料であるコーヒー豆を自分で栽培することは現代の社会ではあまりないでしょう。それよりは自社の価値の源泉である「淹れ方」に合う素晴らしいコーヒー豆を生産する生産者を探しだし、主要なパートナーとして取引するほうがよいのです。

もしも、コーヒー豆自体がカフェの価値の源泉であれば、キーパートナーではなく、キーリソースやキーアクティビティにコーヒー豆生産に関わる事柄が追加されます。このようにキーパートナーを定義するときは、重要かつ主要な外注先はどこかを定義するだけではなく、何を自分たちでやり、何を外注するのかを適切に考えていく必要があるのです。

eラーニング事業の例で見てみましょう。P153の図のキーパートナーをご覧ください。

顧客との関係

【BtoB】
●リピート取引を目的とした営業担当による親切な対応
●定額制継続取引／１回限りの取引の双方を用意
……etc.
【BtoC】
●スピードを重視したセルフサービス
●1度限りの取引を重視
……etc.

顧　客

【BtoB】
●企業属性：情報サービス業／資本金5,000万円以上／従業員数200名以上／年商30億円以上
●本社所在地：東京
●アプローチ先：人事部長
●課題：研修効率化／コスト削減
●顧客属性：既存顧客／新規顧客
……etc.
【BtoC】
●ユーザ属性：30～40代／企業所属／係長～課長
●状況：所属企業から研修受講を命じられている
●支払：会社経費
●課題：日々の仕事で忙しく研修を受講しづらい／手続きが面倒
……etc.

チャネル

【BtoB】
●購入前：営業担当による対面営業／WEB（SEO対策／リスティング広告）／展示会出展
●サービス提供：インターネット／WEBサービスアプリケーション
●購入後：お問合せ窓口（メール／電話）／営業担当による定期的接点
……etc.
【BtoC】
●購入前：WEB（SEO対策／リスティング広告）
●サービス提供：インターネット／WEBサービスアプリケーション
●購入後：お問合せ窓口（メール／電話）／メルマガやLINEによる定期的接点
……etc.

収　入

【図25】eラーニング事業の「キーパートナー」

キーパートナー

【BtoB／BtoC共通】
●サーバ事業者／外部講師／税理士／弁護士／不動産事業者……etc.
【BtoB】
●契約・請求管理システム開発会社……etc.
【BtoC】
●クレジットカード決済会社……etc.

キーアクティビティ

【オペレーション（価値創造）】
●映像型コンテンツの企画・制作／eラーニングシステムの維持・管理・アップデート／講師の採用・育成／講師との契約／受講証明書発行／受講データの提供／会計／法務……etc.
【マーケティング（価値の伝達）】
<BtoB>
●対面営業／WEBの保守・SEO対策／リスティング広告対応／契約書・請求書対応……etc.
<BtoC>
●WEBの保守・SEO対策／リスティング広告／オンライン決済／キャンペーン企画・実施／メルマガ配信／領収書対応……etc.
【サポート（価値のサポート）】
<BtoB>
●対面・オンライン・電話による顧客サポート
<BtoC>
●オンライン・電話による顧客サポート

キーリソース

【モノ】
●BtoB／BtoC共通：eラーニングシステムアプリケーション／撮影機材／撮影スタジオ／オフィス／WEBサイト／教材コンテンツライセンス／会計管理システム……etc.
●BtoB：契約・請求書管理システム……etc.
●BtoC：決済管理システム／領収書発行システム／メルマガシステム……etc.
【ヒト】
●BtoB／BtoC共通：事務担当／WEB担当／講師担当／電話・メール顧客対応担当／管理者……etc.
●BtoB：営業担当……etc.
【ジョウホウ】
●BtoB／BtoC共通：外部講師リスト……etc.

与える価値

●時間と場所の制約がないオンライン学習の場
●オンサイト研修の講師ニュアンスを伝える映像型コンテンツ
●ITを活用したスピーディーな契約・決済……etc.

コスト

例えば、eラーニングシステムをクラウドサーバで運営したとして、サーバ事業者がまずキーパートナーになり得ます。外部講師や税理士、弁護士なども必要かもしれません。オフィスを借りるのであれば不動産事業者もパートナーになり得ます。

BtoBのビジネスに特化した場合、契約・請求管理システムのアプリケーションを外注する場合は、これらのシステム会社も主要外注先になります。BtoCビジネスに特化した場合、セルフサービスの決済で、クレジットカード決済会社などにも外注が必要になります。

このように、自社ではやらない、もしくはできないことだけれど価値を生み出し、提供し、サポートするために必要な外注先を定義しましょう。

ビジネスモデル・キャンバスの左側に残されたコストについては後ほど説明します。この段階で、今一度ビジネスモデル・キャンバスのコスト以外の左側の要素は価値を生み出し、提供し、サポートするために適切なのか、要素のバランスや筋が通っているかを見てみましょう。

例えば、eラーニング事業の例でいえば、再度ビジネスモデル・キャンバスの左側を見て、オフィスは自社オフィスの片隅を借りようということであれば、キーパートナーから不動産事業者を消したり、キーリソースとして明記した契約・請求書管理システムは、価値に直接結びつかない可能性があるとしてエクセルなどで管理するとし、契約・請求書管理ツールに変更したり、その場合、契約・請求書管理システムを提供するシステム会社はキーパートナーでなくなったりします。

44
日目

売上・費用・利益を導き出す❶「収入」

ビジネスモデル・キャンバスの多くの要素をこれまで埋めてきました。最後に「収入」と「コスト」を考えていきます。**新規事業はその事業単体で自走していく必要があります。自走するためには初期投資を回収し、次への投資ができる利益を生み出し続ける必要があります。**

したがって、ビジネスモデル・キャンバスの「収入」が「コスト」を上回っている必要があります。

しかし、実際の新規事業では、初年度からの黒字化が難しい場合もあります。その際、次に考えるべきは、何年目で黒字化し、何年目で投資を回収し、何年目から安定的な利益が生み出されるのかということです。

それでは、「収入」から見てみましょう。具体的な収入を算出する前に、価値を提供した対価をどのようにいただくか、その形式を考えていきましょう。

単純な品代として料金をいただくのか、稼働時間を単位としたサービス料でいただくのか、リース料金として1つあたり1か月単位の定額でいただくのか、ライセンス料として1つに対して1年間で1回いただくのか、新ビジネスのやり方によって、さまざまな対価のいただき方があります。

適切な対価のいただき方はすでに定義した「与える価値」「顧客との関係」「チャネル」、ターゲットとする「顧客」を再度見ることにより、おのずと見えてきます。

例えば、安価に多くの映画や音楽をストリーミング配信で楽しみたいという課題やニーズがあるお客様に対しては、毎回料金をお支払いいただく従量制の課金よりは、1ユーザあたり月々定額制の形式のほうがお客様に価値を提供しやすいです。

適切な対価の形式が見つかったら、つぎに係数見積りをしていきます。係数見積りとはさまざまな「係数」を利用し金額を見積る方法です。

例えば、WEBサービスの場合、1ユーザ月300円×1万ユーザ＝300万円／月、モノを売る場合、1つ200円×年間販売数100万個＝2億円／年、といった具合です。

なかには単価が現段階で算出しづらい場合や、経済状況などの外部環境で変わってしまうものもあります。その場合は、現実的な予測数値や統計を駆使した数値などを利用しましょう。

例えば、契約時平均手数料15万円×年間契約件数100件＝1500万円／年、などです。

皆さんのビジネスの中では、複数の対価のいただき方を設定する場合もあることでしょう。その場合は、そのバリエーションすべてに対して見積りをしてください。

例えば、プレミアムサービス1か月1000円×1万ユーザ＝1000万円／月、通常サービス1か月500円×2万ユーザ＝1000万円／月など分けて見積りましょう。

これらの見積りをさらに計算し、新規事業開始後の初年度から5年目までの5年間の事業収益（収入）を明確にしていきましょう。

新規事業は事業単体で自走する必要があります。そのためにどのように成長させていく算段なのか、投資回収期間は、単年度黒字化のポイントはどこなのかなどを中期的に考える必要があります。

一般的に新規事業の決裁で必要な財務・会計関連の情報の期間は新規事業開始後3～5年と考えておいてください。

また、もしも皆さんが投資を募ったり、銀行から借り入れたりする予定があるのであれば、ほぼ間違いなく新規事業開始後の5年間の財務計画を求められると思っておいたほうがよいでしょう。

先ほどのeラーニング事業の例で見てみましょう。P158の図をご覧ください。

まずBtoBのサービスでは、初年度に年間30社の契約を獲得する計画を立てているとしましょう。1社あたりの年間受講者数平均は100名、1ユーザあたりの年間平均eラーニングコンテンツ受講数は2コンテンツと計画したとします。1コンテンツ単価は1万円だとします。すると30社×100受講者×2コンテンツ×コンテンツ単価1万円＝6000万円／年とな

顧客との関係

【BtoB】
●リピート取引を目的とした営業担当による親切な対応
●定額制継続取引／１回限りの取引の双方を用意
……etc.
【BtoC】
●スピードを重視したセルフサービス
●１度限りの取引を重視
……etc.

チャネル

【BtoB】
●購入前：営業担当による対面営業／WEB（SEO対策／リスティング広告）／展示会出展
●サービス提供：インターネット／WEBサービスアプリケーション
●購入後：お問合せ窓口（メール／電話）／営業担当による定期的接点
……etc.
【BtoC】
●購入前：WEB（SEO対策／リスティング広告）
●サービス提供：インターネット／WEBサービスアプリケーション
●購入後：お問合せ窓口（メール／電話）／メルマガやLINEによる定期的接点
……etc.

顧　客

【BtoB】
●企業属性：情報サービス業／資本金5,000万円以上／従業員数200名以上／年商30億円以上
●本社所在地：東京
●アプローチ先：人事部長
●課題：研修効率化／コスト削減
●顧客属性：既存顧客／新規顧客
……etc.
【BtoC】
●ユーザ属性：30～40代／企業所属／係長～課長
●状況：所属企業から研修受講を命じられている
●支払：会社経費
●課題：日々の仕事で忙しく研修を受講しづらい／手続きが面倒
……etc.

収　入

【BtoB】
●初年度：6,000万円＝30社×100受講者×2コンテンツ×コンテンツ単価1万円
●2年目：12,000万円＝60社×100受講者×2コンテンツ×コンテンツ単価1万円
●3年目：24,000万円＝120社×100受講者×2コンテンツ×コンテンツ単価1万円……etc.
【BtoC】
●初年度：1,800万円／年＝100コンテンツ×コンテンツ単価1.5万円×12か月
●2年目：3,600万円／年＝200コンテンツ×コンテンツ単価1.5万円×12か月
●3年目：5,400万円／年＝300コンテンツ×コンテンツ単価1.5万円×12か月……etc.

【図 26】e ラーニング事業の「収入」

キーパートナー

【BtoB ／ BtoC 共通】
●サーバ事業者／外部講師／税理士／弁護士／不動産事業者……etc.
【BtoB】
●契約・請求管理システム開発会社……etc.
【BtoC】
●クレジットカード決済会社……etc.

キーアクティビティ

【オペレーション（価値創造）】
●映像型コンテンツの企画・制作／e ラーニングシステムの維持・管理・アップデート／講師の採用・育成／講師との契約／受講証明書発行／受講データの提供／会計／法務……etc.
【マーケティング（価値の伝達）】
<BtoB>
●対面営業／WEBの保守・SEO 対策／リスティング広告対応／契約書・請求書対応……etc.
<BtoC>
●WEBの保守・SEO 対策／リスティング広告／オンライン決済／キャンペーン企画・実施／メルマガ配信／領収書対応……etc.
【サポート（価値のサポート）】
<BtoB>
●対面・オンライン・電話による顧客サポート
<BtoC>
●オンライン・電話による顧客サポート

キーリソース

【モノ】
●BtoB ／ BtoC 共通：e ラーニングシステムアプリケーション／撮影機材／撮影スタジオ／オフィス／WEBサイト／教材コンテンツライセンス／会計管理システム……etc.
●BtoB：契約・請求書管理システム……etc.
●BtoC：決済管理システム／領収書発行システム／メルマガシステム……etc.
【ヒト】
●BtoB ／ BtoC 共通：事務担当／WEB担当／講師担当／電話・メール顧客対応担当／管理者……etc.
●BtoB：営業担当……etc.
【ジョウホウ】
●BtoB ／ BtoC 共通：外部講師リスト……etc.

与える価値

●時間と場所の制約がないオンライン学習の場
●オンサイト研修の講師ニュアンスを伝える映像型コンテンツ
●IT を活用したスピーディーな契約・決済……etc.

コスト

ります。ＢｔｏＣのサービスでは1か月あたりのコンテンツ販売数１００と計画したとします。そしてコンテンツ単価は1万５０００円だとします。

すると、１００コンテンツ×12か月×コンテンツ単価1万５０００円で１８００万円／年となります。ＢｔｏＢとＢｔｏＣで初年度合計７８００万円になるという具合です。その後、２年目、３年目……5年目と係数を変えながら売上計画を立てていきます。

45日目

売上・費用・利益を導き出す❷「コスト」

次に、ビジネスモデル・キャンバスの左下のコストを見ていきましょう。

すでに作成されているビジネスアイデアシートの6W2Hの「How much」を参考に、**初期投資金額と新規事業実施後3~5年間の事業運営費用**の金額を再度算出してみましょう。ビジネスアイデアシートの段階では見えなかった必要な初期投資が、ビジネスモデル・キャンバスを埋めたことにより見えてきたと思います。

例えば、ビジネスアイデアシートのときには気がつかなかった「物品が必要になった」「オフィススペースはもっと広くなくてはならないことがわかった」「配送は自らの配送網で実施しようと考えていたが、外注する必要があり、そのための計画に新たに人員が必要になった」などです。再度検討し、適正な初期投資額を算出しましょう。

次に新規事業開始から3~5年間の費用を見積りましょう。これは先ほど実施した事業収益見積りの事業運営費用版です。

実は費用の見積りのほうが売上見積りよりも難しい新規事業がほとんどです。なぜならば費用のほうに価格決定権がない場合が多いからです。

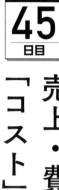

例えば、1商品○○円というのは自らが決定しやすいのですが、配送を外注する場合、その外注費はキーパートナーの価格もしくはその価格を交渉したうえで決定されます。

また、非常に新規性が高くイノベーティブな新規事業の場合、市場で価格が決定されていないため見積りが難しい場合があります。

この場合、費用算出のために積極的に聞いていきましょう。例えば、配送が外注に必要であれば、配送をする会社に電話をかけたり、見積り依頼をして、大枠の価格を入手しましょう。ここで考え込んではいけません。積極的に価格を確認しにいきましょう。

他の方法としては、「類推見積り」という方法があります。例えば、自分の過去の経験や社内の他の事業で現在似たような仕入や購買をしている場合、その価格を参考にする方法です。この場合も積極的に他部署に聞いていきましょう。

それでも、価格がわからない場合、「ボトムアップ見積り」という方法があります。これは、新規性の高いイノベーティブな新規事業で使うことがあるのですが、見積りができるまでそのモノやコトを細分化し、細分化した見積りをすべて足し算していくというものです。

例えば、まったく新しいイノベーティブな「時間」に焦点をあてた新規事業を行おうとしていたとします。そのためにはまったく新しい観点の時計型センサーが必要だったとします。そのキーデバイスは世の中には売っていません。自らプロジェクトベースで開発するか、外注先で作ってもらう必要があったとします。

この場合、このキーデバイスをパーツに細分化していき、それぞれのパーツの見積りができるまで細分化していきます。そして、センサー○○円、××ユニット○円などと算出していきます。そしてすべてを足し合わせることで、キーデバイスの見積り額とします。

最終的に見積れない場合は、人件費や製造ラインの生産性などをベースに見積りすることもあります。

大切なことは、この段階で根拠のある費用算出をしていくことです。何も計算せずに「このぐらいで費用をおさめたい」という意識で費用を算出することは避けましょう。これをやってしまうと、新規事業の実現可能性が低くなってしまいます。

ここでひとつ注意点があります。

皆さんが自ら事業を起こす方、もしくはすでに個人で事業を経営されていて次の新規事業を考えられている方は、新規事業における地代家賃や間接業務に関する人件費など、新規事業によって追加されるあらゆる費用を算出されていることと思います。

会社に従事されている皆さんは、新規事業のコストをどこまで入れるべきかを決裁者に確認することをお勧めします。まれに、利用するオフィスの地代家賃や、社内で集中して管理している間接業務（法務・購買・広報・経理など）は新規事業のコストに含めないというところもあります。この場合、新規事業の○年後の利益率○○パーセントと目標が決められ、その利益の中で将来的にこれらのコストを支払うという形を取っている会社もあります。

費用見積りができたら、ビジネスモデル・キャンバスの「コスト」に書き込んでいきましょう。このときに課題になるのが、どのような区分で書けばよいかわからないというものです。

まず、書き方としては、勘定科目ベースで記載する方法があります。例えば、人件費、旅費交通費、外注費、消耗品費……などです。

もうひとつは、重要な資源ベースで記載します。例えば、スタッフ、機械、オフィス、配送会社、○○システム……など必要なモノやコトをベースに書くことができます。

その他としては、勘定科目と資源をミックスして書くというものです。

次の課題として、あまりにも費用算出項目が多すぎて、投資コストと5年間の事業費用がビジネスモデル・キャンバスに書ききれないという点があります。

その場合は、エクセルシートなどで別途費用を管理し、ビジネスモデル・キャンバスには初期投資と5年間の事業費用はいくらかを記載しましょう。なお、エクセルなどで別途管理する費用の詳細は、今後作成する事業計画書でとても重要な情報となりますので、しっかり保管しておきましょう。

先ほどのeラーニング事業の例で見てみましょう。P167の図をご覧ください。

あらゆる費用をまとめた代表的な項目で記載したとしましょう。初期投資額としては、本事

業で利用するあらゆるシステムのシステム類開発費用として1000万円、撮影機材やその他オフィスで利用するあらゆる備品類として備品類費用200万円、新規事業開発は1年間で行うとして1年間の開発オフィス費用として地代家賃・水光熱費・通信費などを含め600万円、1年間の開発スタッフ費用として人件費や福利厚生費なども含め4000万円、その他の交通費や会議費、消耗品費などの事業運営費用として1200万円を計上したとしましょう。

わかりやすいように単純な例にしていますが、初期投資額は合計7000万円となります。

次に事業運営費用を見ていきましょう。

事業開始後1年目の費用として、システム関連費用として200万円、備品類費用として50万円、オフィス費用として600万円、スタッフ費用として4000万円、外注費500万円、広告費300万円、その他事業運営費用として2000万円、だったとしましょう。

わかりやすいように単純な例としていますが、初年度の費用は合計7650万円となります。

顧客との関係

【BtoB】
●リピート取引を目的とした営業担当による親切な対応
●定額制継続取引／１回限りの取引の双方を用意
……etc.
【BtoC】
●スピードを重視したセルフサービス
●１度限りの取引を重視
……etc.

顧　客

【BtoB】
●企業属性：情報サービス業／資本金5,000万円以上／従業員数200名以上／年商30億円以上
●本社所在地：東京
●アプローチ先：人事部長
●課題：研修効率化／コスト削減
●顧客属性：既存顧客／新規顧客
……etc.
【BtoC】
●ユーザ属性：30～40代／企業所属／係長～課長
●状況：所属企業から研修受講を命じられている
●支払：会社経費
●課題：日々の仕事で忙しく研修を受講しづらい／手続きが面倒
……etc.

チャネル

【BtoB】
●購入前：営業担当による対面営業／WEB（SEO対策／リスティング広告）／展示会出展
●サービス提供：インターネット／WEBサービスアプリケーション
●購入後：お問合せ窓口（メール／電話）／営業担当による定期的接点
……etc.
【BtoC】
●購入前：WEB（SEO対策／リスティング広告）
●サービス提供：インターネット／WEBサービスアプリケーション
●購入後：お問合せ窓口（メール／電話）／メルマガやLINEによる定期的接点
……etc.

収　入

【BtoB】
●初年度：6,000万円＝30社×100受講者×2コンテンツ×コンテンツ単価1万円
●2年目：12,000万円＝60社×100受講者×2コンテンツ×コンテンツ単価1万円
●3年目：24,000万円＝120社×100受講者×2コンテンツ×コンテンツ単価1万円……etc.
【BtoC】
●初年度：1,800万円／年＝100コンテンツ×コンテンツ単価1.5万円×12か月
●2年目：3,600万円／年＝200コンテンツ×コンテンツ単価1.5万円×12か月
●3年目：5,400万円／年＝300コンテンツ×コンテンツ単価1.5万円×12か月……etc.

【図27】eラーニング事業の「コスト」

キーパートナー

【BtoB／BtoC共通】
●サーバ事業者／外部講師／税理士／弁護士／不動産事業者……etc.
【BtoB】
●契約・請求管理システム開発会社……etc.
【BtoC】
●クレジットカード決済会社……etc.

キーアクティビティ

【オペレーション(価値創造)】
●映像型コンテンツの企画・制作／eラーニングシステムの維持・管理・アップデート／講師の採用・育成／講師との契約／受講証明書発行／受講データの提供／会計／法務……etc.
【マーケティング(価値の伝達)】
＜BtoB＞
●対面営業／WEBの保守・SEO対策／リスティング広告対応／契約書・請求書対応……etc.
＜BtoC＞
●WEBの保守・SEO対策／リスティング広告／オンライン決済／キャンペーン企画・実施／メルマガ配信／領収書対応……etc.
【サポート(価値のサポート)】
＜BtoB＞
●対面・オンライン・電話による顧客サポート
＜BtoC＞
●オンライン・電話による顧客サポート

キーリソース

【モノ】
●BtoB／BtoC共通：eラーニングシステムアプリケーション／撮影機材／撮影スタジオ／オフィス／WEBサイト／教材コンテンツライセンス／会計管理システム……etc.
●BtoB：契約・請求書管理システム……etc.
●BtoC：決済管理システム／領収書発行システム／メルマガシステム……etc.
【ヒト】
●BtoB／BtoC共通：事務担当／WEB担当／講師担当／電話・メール顧客対応担当／管理者……etc.
●BtoB：営業担当……etc.
【ジョウホウ】
●BtoB／BtoC共通：外部講師リスト……etc.

与える価値

●時間と場所の制約がないオンライン学習の場
●オンサイト研修の講師ニュアンスを伝える映像型コンテンツ
●ITを活用したスピーディーな契約・決済……etc.

コスト

●初期投資：7,000万円＝システム類開発費用1,000万円＋備品類費用200万円＋地代家賃・水光熱費・通信費600万円＋人件費・福利厚生費4,000万円＋その他事業運営費用1,200万円
●初年度：7,650万円＝システム関連費用200万円、備品類費用50万円、地代家賃・水光熱費・通信費600万円、人件費・福利厚生費4,000万円、外注費500万円、広告費300万円、その他事業運営費用2,000万円
●2年目：14,500万円＝システム関連費用400万円、備品類費用100万円、地代家賃・水光熱費・通信費1,000万円、人件費・福利厚生費9,000万円、外注費500万円、広告費600万円、その他事業運営費用2,900万円
●3年目：26,700万円＝システム関連費用1,500万円、備品類費用200万円、地代家賃・水光熱費・通信費3,500万円、人件費・福利厚生費15,000万円、外注費1,000万円、広告費1,000万円、その他事業運営費用4,500万円……etc.

46
日目

売上・費用・利益を導き出す❸「利益」

「収入」と「コスト」の算出が終わったら、いよいよ利益を見てみましょう。なお、ビジネスモデル・キャンバスには利益の項目はありませんので、別の用紙やエクセルシートなどで算出してください。

最初に、事業運営により生み出される利益を算出してみましょう。1年目から5年目までの「収入」から「コスト」を引き算してください。

重要なのはここからです。事業何年目から黒字になっているでしょうか？　黒字になっている年度が単年度黒字化する年度です。

もしも、**初年度から黒字化する場合、「本当に初年度から黒字化するのか？」という視点で新規事業を改めて見てください。逆に5年経っても単年度黒字化していない新規事業は一般的に決裁される可能性が低くなります。**

後ほど詳しく書きますが、この場合はビジネスモデルのバランスを今一度見直したほうがよいでしょう。いずれにしても、この単年度黒字化のポイントは今後とても重要な情報となりますので、まずは単年度黒字化するポイントをしっかりと把握しましょう。

47 日目

売上・費用・利益を導き出す❹「投資回収期間」

次に投資回収期間を見ていきましょう。

投資回収期間とは話を単純化すると、初期投資額を事業から生み出される利益で、何年間かかけて回収できるかという期間です。

先ほどのeラーニング事業を例に見てみましょう。初期投資額は7000万円でした。初年度の事業売上は7800万円、初年度事業費用は7650万円と予測していたため、初年度利益は150万円の黒字。その後、2年目1100万円の黒字、3年目2700万円の黒字、4年目5500万円の黒字で4年7か月までで事業開始後の利益累計が初期投資額7000万円に達したとします。この場合、投資回収期間は4年7か月となります（話を単純化するため、税金などは考慮していません）。

現代は外部環境の変化が早いと先ほど述べました。つまり、外部環境が大きく変わる前に投資回収をしたいという決裁者が多く、その判断は時代に合っています。

したがって、**現代の新規事業では最長でも5年間で投資回収できる新規事業が求められていることが多いのです。**もちろん、皆さんの中には今後の10年、20年後の新規事業構想や開発をしている方もいらっしゃると思いますが、多くの皆さんはすぐに投資回収ができる新規事業を決裁者から求められているのではないでしょうか。

もし短期間で投資回収を求められていて、今回算出された投資回収期間が5年間を超えるようであれば、ひとつの方法として、新ビジネスアイデアの中の「ひとつに集中」することが挙げられます。

投資回収期間が長くなるというのは、初期投資額が大きいのがひとつの要因です。**初期投資を少なくするためには「何かひとつに集中」し、それに必要な資源のみに投資し、さらにそこに集中して短期間でビジネス化し、いち早くキャッシュフローを回すことです。**それが成功したら、その利益または追加投資で次のアイデア要素を実行するのです。

あくまでも私の新規事業経験や新規事業開発の支援での経験ですが、立ち上がりの早い新規事業を求められている場合、単年度黒字化は3年以内、投資回収期間は5年以内を最低でも目指してください。

なお、この段階でNPV（正味現在価値）やIRR（内部収益率）の計算はしなくてよいのかと疑問に思われた方は、おそらく比較的大きい、または比較的投資回収期間が長い新規事業プロジェクトをされている方だと思います。本書はシンプルかつスピード感をもって新規事業構想を実行することに焦点を当てていますので、ここでは会計的なこれらの要素は省きますが、所属する会社や組織で求められる場合は、この段階で一度計算してもよいでしょう。

48日目 新規事業アイデアのバランスを整える❶「事業収益を上げる」

ここまで、新ビジネスアイデアからビジネスモデル・キャンバスを使った「ビジネスモデル化」をしていただきました。いかがだったでしょうか。

作成されたビジネスモデルを今一度眺めていただき、「自分の貯金をこの新ビジネスに投資したいか？」と自分に問いかけてみてください。

多くの場合、何か心に引っかかってくる部分があると思います。その感覚を重視してください。その部分に新ビジネスの脆弱性が隠れています。

その脆弱性を特定し、この段階で解決しておかないと、この後の事業計画書策定、決裁、新規事業開発、新規事業スタートとどんどんその脆弱性が大きくなっていきます。

まず、不安点で一番多いのが、本当にお客様は自らの課題解決のためにこの製品やサービスを利用し、対価を支払っていただけるかということです。

本書では、新ビジネスアイデアの6W2Hの段階でプレ市場調査を行うことをお伝えしましたが、この後に本格的な市場調査を行います。市場調査については、この後に説明します。この市場調査結果により、ビジネスモデルを修正していく必要があります。

次に多いのが、すでに説明した、利益が上がらない、低い、または単年度黒字化のタイミングが遅い、投資回収期間が長すぎるなどの懸念です。

話を単純化すると、このとき考えるべきは「もっと価値を提供し対価を得られないか（事業収益を上げられないか）」「コストを下げられないか」ということです。

本書で説明した企業の3つの活動を思い出してください。売上をさらに高めるか、費用をさらに低くするかの2つしかありません。この2つのバランスを整えましょう。まず、事業収益を見てみましょう。

もしも事業収益をさらに高めなければならない場合、ターゲットを見直しましょう。

例えば、ターゲット市場が5000億円の市場と1000億円の市場があったとします。その中で同じ1%のシェアを獲得しようと努力したとします。5000億円の1%は50億円、1000億円の1%は10億円です。

当たり前のことですが、これはとても重要です。皆さんが新規事業で必要とする収益とターゲット市場がマッチしていない可能性があります。

次にターゲット市場に存在するターゲット顧客の数です。

例えば、介護市場で課題を解決したいという志があったとします。

介護市場でより多くの課題を持っているのは誰でしょうか。逆にいえば、より多くの人が抱えている課題は何でしょうか。それは介護事業の従事者でしょうか、介護される本人でしょう

か、介護する家族でしょうか。今一度、世の中への価値提供の大きさが対価として得られるということを思い出してみましょう。

このように収益の課題がある場合、今一度お客様の課題、そのお客様がいる市場を見直してみましょう。その他、対価のいただき方は適切か、顧客との関係は適切か、チャネルは適切かなど、ビジネスモデル・キャンバスの右側を見直してみましょう。

49
日目

新規事業アイデアのバランスを整える❷「コストを下げる」

次に費用をさらに低くしなければならない場合、アクティビティ、資源、キーパートナーを再度見直しましょう。

結論からいうと、再度与える価値に集中して、それに直結するもののみにしていきましょう。

例えばよくあるのが、巨額のＩＴ投資です。

もちろん業務用システムなどあったほうが便利なのは間違いありませんが、そこから生み出される価値はお客様に直結しているでしょうか。もしかしたら、お客様には直結せず、比較的社内の利便性や事情のために投資していないでしょうか。

他によくあることが、お客様への価値に直結しないアクティビティなどが含まれているということです。

例えば、「デザイン」自体を重視した時計を取り扱う新規事業の場合、価値の源泉であるデザインは自社、製造自体は外注したほうが安ければ外注にできないでしょうか。製造を自社で行うと設備投資が必要になる場合も考えられ、外注化によりキーリソースの削減になることも念頭に入れたりします。

他の事例として、新規事業に関わる初期の人員の数が多すぎるということがあります。なぜその人財が必要なのか、それは価値に直結しているのかを考える必要があります。本当にその人財は新規事業の最初から必要なのか、他の業務と兼務できないのかなどの視点で考えましょう。

このように、今一度、ビジネスモデル・キャンバスの左側を見て、価値の創造に直結しないものは省いていく調整が必要となります。

本書ではすでに、投資回収期間を短くするためには、新ビジネスアイデアの中の「ひとつに集中」するのが望ましいと説明しました。この収益と費用のバランスを取るという観点でも「ひとつに集中」することが望ましいです。勘の鋭い皆さんならもうおわかりだと思います。

収益を高めるために、あの課題解決、この課題解決とあれこれ手をつけてしまうと、確かに収益予測は高まりますが、そのぶん、初期投資額や事業運営費用も高まります。**一番大きな課題解決に集中し、したがって対価を得て、さらにその価値提供に直結するもののみに投資すれば、初期投資額と事業運営費用を抑えられ、適切な利益を確保できます。**この利益を次の大きさの課題解決に投資していけばよいのです。

このように特定の課題解決に集中し無駄なく、小さく、しかしより確実に新規事業を立ち上げていくことを、「スモールスタート」と言ったり、「リーンスタートアップ」と言ったりします。

50
日目

新規事業アイデアのバランスを整える❸「規模の経済」

最後の視点としてて皆さんにお伝えしたいのが、「規模の経済」という点です。

投資回収期間が長くなるひとつの要因として、収益の上昇率と費用の上昇率がほぼ同じということがあります。

もちろんこういったビジネスもよいのですが、**もしも皆さんが投資回収期間を短くしなければならないと思うのであれば、収益の上昇率が費用の上昇率を上回るビジネスモデルを策定する必要があります。**

規模の経済とは、話を単純化すると、モノやサービスを提供すればするほど、モノやサービス1つあたりを提供するための費用が少なくなるということです。

例えば、100個のモノを作った場合1つあたりの製造コストは30円ですが、1000個のモノを作ると1つあたりの製造コストは10円になるという具合です。これはIT関連の資産でも同じことがいえます。

例えば、WEBやアプリケーションを活用したサービス提供の場合、0ユーザでも500ユーザでもあまり保守費用などが変わらなかったとします。この場合、ユーザが多ければ多い

ほど、ユーザ1人あたりの費用は低くなっていきます。

このように、規模の経済が働くような要素をビジネスモデルに加え、ビジネスモデルのバランスを適切に整えるということも可能です。

ビジネスモデルを最適化させる方法は多くあります。多様な視点をもって、今一度ビジネスモデル・キャンバスの各要素のバランスを取ってみてください。そして「これなら自分でも投資したい！」と思えるビジネスモデルにチューニングしていきましょう。

51日目

本格的市場調査をする❶「どうやって調査をするか」

すでに皆さんの中には、ビジネスアイデアシートの6W2H策定後の段階で、プレ市場調査をしている方がいらっしゃると思います。この段階から本格的な市場調査を開始しましょう。

まず情報の取得方法についてです。新規事業構想には今後必要となる情報があります。例えば、ターゲット市場の規模、関連する法令、業界構造、競合情報などさまざまな新規事業の「前提」となる情報です。

これらの情報の中には、ビジネスモデルを考える際に調べたという方もいらっしゃるかと思います。もしそうであれば、皆さんは正解です。必要に応じて適宜調査をしていく必要があるのです。

調査方法はインタビューやアンケートだけではなく、インターネットを使った検索、白書などの書籍で調べる、論文、法律、統計データ、社内に蓄積されている情報などで調べるなど手法・媒体ともにいろいろとあります。

私個人の話で恐縮ですが、私が新規事業を立ち上げる際によく利用していたのが、国会図書館や論文データベースなどです。意外に知られていないのですが、情報入手という点ではとても便利です。

そして何よりも重要なのが、提供する製品やサービスに関するインタビューやアンケートです。より具体的なビジネスプランを提示し、その反応をデータとして取得していきます。

このとき、注意点があります。それはプレ市場調査のときにもお伝えした「新規事業は相手が見たことも聞いたこともないこと」であるという点です。

より詳しい情報を入手する必要がある場合は、より具体的に新規事業をイメージできるモノを提示しなくてはなりません。

例えば、新製品やサービスのイメージ図やWEBサイトのモックアップ、製品の簡単なプロトタイプのようなものです。

少し前、スマートグラスの開発前に多くの製品のイメージ図や映像がありましたが、このようなイメージ図やイメージ映像があることによって、消費者はその製品やサービスをより理解しやすく、さまざまな情報をインタビューやアンケートで提供してくれます。

本書はスピード感をもって新規事業を進めることに重きを置いていますので、よりスピーディーな方法をお伝えしようと思います。

もしも皆さんの新規事業で扱うものが製品なのであれば、紙や段ボールでイメージしやすいものを簡単に作るだけでもアンケートやインタビューで得られる情報が異なります。

例えば、皆さんが手がけようとするのがWEB系の新規事業であれば、WEBサイトを簡単

に作ってしまってください。現在ではデザインにこだわらなければ無料でＷＥＢサイトを作れるサービスがあります。これによりＷＥＢサイトの機能自体を具体的にインタビューやアンケートの相手に伝えられます。

それも難しいということであれば、エクセルやパワーポイントなどでＷＥＢサイトのようなイメージを作りましょう。皆さんが新規事業でビジネスプラットフォームやサービスなど目には見にくいものを提供する場合は、それをイメージできる図や絵、映像などを簡単に作成しましょう。

例えば、お掃除代行サービスなどのサービスの場合、お客様がＷＥＢや電話で依頼、依頼日にご自宅に担当者が伺い掃除を開始、終了時にお客様の終了のサインをもらうなどの一連のプロセスや、担当者の服装、代金の授受などイメージできるようなイラストやフローチャート、映像などを簡単に作成するなどです。

52日目

本格的市場調査をする❷「オープン型とクローズ型」

一番大切なのは、インタビューやアンケートの相手に、皆さんの新規事業の概要を理解していただいたうえで回答していただくということです。映像や絵、プロトタイプやモックアップなどはあくまでも手段です。適切な手段を選択し、適切な情報を得られるようにしましょう。アンケートやインタビューといっても、いろいろな手法があります。また、この手法により出てくるデータが異なるのです。

例えばですが、簡単なところでは、インターネットでアンケートを取るのと、街中で人がアンケートを取るのとでは結果が違うことがあります。また、一対一でのインタビューと、１人が同時に複数の人にインタビューするのでも結果が違います。

さらに、担当者が複数の人に同時にインタビューするのと、インタビューする内容を事前にお題として複数の人に伝え、インタビュアーが介入せずに結論を出してもらうのとでは結果が違います。

質問の仕方によっても得られるデータが異なります。基本的なところで、注意したいのが、質問がオープン型かクローズ型かという点です。

オープン型というのは質問した相手が自由回答できるような質問形式です。例えば、「このサービスをいくらだったらご購入されますか?」はオープン型です。相手は1000円と答えるかもしれないですし、1万円と答えるかもしれません。

クローズ型というのは質問した相手がYESまたはNOのみで回答できる、または回答が限定されるような質問形式です。例えば、「このサービスが3000円だったら、あなたは購入されますか?」はクローズ型です。相手は「はい」か「いいえ」など限定的な回答となります。

これらは当たり前のようですが、これらの「手法」を吟味してアンケートやインタビューを実施する必要があります。また複数の方法を実施し、多角的に考察する必要もあります。そのためにも、アンケートやインタビューの「目的」を明確にし、さらにその目的を達成させるための適切な質問、手法を設計してから実施しましょう。

顧客に対する市場調査を考えてみましょう。

大前提として、ビジネスモデル・キャンバスの右側が「本当に現実的なのかを確認する」という視点で調査を設計していきましょう。

まず、大前提の設定として、どのような顧客に調査するのかという点があります。もちろん課題があるターゲット顧客に絞り調査するのは必須ですが、新規事業の中には、課題をもっていないお客様はなぜ課題を持っていないのか、というターゲット顧客以外の調査をしたりすることがあります。

つぎに調査対象数です。一般的にこの数をN数といったりしますが、調査する対象者数を合理的に決めましょう。

統計学的な観点でN数を設定することもあると思いますが、一番重要なのは、皆さん自身が、限られた時間の中で、アンケートやインタビューの目的を達成するための納得できる情報数をN数におくべきです。

また、**実際の新規事業の現場では「決裁者を説得できるか」という観点でN数を設定することもあるのが現実です。**

つまり、決裁者が調査した結果の信憑《ぴょう》性をN数で見られるということが現実的にあるのです。

例えば、今後の決裁のためのプレゼンテーションで「80%の対象者がこの製品を使いたいという結果が出ています」と伝えたとしましょう。自分たちが納得するN数は100でしたが、決裁者が信憑性を考えるうえでN数が300以上必要だった場合、決裁が得られにくくなるということもあり得ます。

53 日目

本格的市場調査をする❸「何を調査するのか？」

次にアンケートやインタビューで何を調査すべきかという点を見てみましょう。

まずは、お客様に対するアンケートやインタビューから見てみましょう。基本的には、ビジネスモデル・キャンバスの右側の仮説が合っているかということを調査し、必要に応じて深掘りをするような調査をします。

お客様の課題を与える価値が本当に解決できるのか、その価値をお客様に提供するにあたってのお客様との関係性は適切か、お客様にその価値を伝え、提供し、提供後のサポートするためのチャネルは適切か、そして課題を解決した後、お客様は喜んでその対価をお支払いいただけるか、その対価のいただき方は適切かなどを重点的に調査していきましょう。

この調査で自らが設定した仮説と現実が大きく異なることがあります。もしくはネガティブな結果が出てくるケースもあります。

その場合は、仮説と現実が大きく異なった理由やネガティブな回答結果になった理由を改めて確認するか分析をしてください。

このネガティブな情報は宝の山です。なぜならば、これらの課題を解決すればビジネス化で

きる可能性があるからです。

万が一、この段階で、どんなに頑張っても、頭をひねっても解決できないような課題がある場合、別の新ビジネスアイデアに戻るという方法もあります。しかし、この場合であっても、この段階でこれらのことがわかってよかったとポジティブに考え、次に尽力しましょう。

次に社内やキーパートナーに対するインタビューを見てみましょう。基本的には、ビジネスモデル・キャンバスの左側の仮説が合っているかということを調査し、必要に応じて深掘りをするような調査をします。

特に、**社内の関係部署や担当者、キーパートナーに新規事業で提供する製品やサービス、そしてその価値を明確に伝えた後で、「実現可能性」について重点的に確認をする**ことが重要です。

社内やキーパートナーの皆さんも、新規事業の内容は見たことも聞いたこともないはずですから、適切な回答が得られるように、与える価値に関する映像やモックアップ、絵、プロトタイプなど相手に基本的な情報をしっかりと提供してから調査をしましょう。

またインタビューやアンケートの相手に応じて、調査の目的をしっかりと伝えてから調査をしましょう。

インタビュー内容としては、与える価値を生み出すキーアクティビティは適切であり実現可能か、キーリソースは適切であり実現可能か、キーパートナーは適切か、それぞれの費用は適切か、仕入や購買方法は適切か、価値を生み出すために抜けているものはないか、もしくは過剰なものはないか、法令などに問題はないか、自社のルール上問題はないかなど、実現可能性の確認を中心に、さまざまな視点でインタビューやアンケート内容を設定していきましょう。

残念ながら、社内でのインタビューでもアンケートでもネガティブな回答が出てきてしまうことがあります。

そもそも実現可能性がないものはもちろんネガティブな結果が出てくるのですが、それ以外に、新しいことに対する抵抗勢力、相手のモチベーションなど、自分たちと相手との温度差でネガティブな結果が出てきてしまうこともあります。

例えば、製品のアフターフォローでコールセンターのアクティビティが現実的かを聞くために、コールセンター担当者にインタビューしたとします。その相手は日々の仕事で疲弊していたとして、新規事業を開始するともっと忙しくなってしまうかもしれないという感覚を持ってしまい、インタビューにネガティブに回答してしまうこともあるかもしれません。

しかし、新規事業開発のフェーズに移ると、これらは現実的な課題として発生するのです。このようにネガティブな回答であったとしても、なぜその回答や情報が出てきたのかを確認し、より現実的な情報を取得していきましょう。

もうひとつ社内やキーパートナーへのアンケートやインタビューで注意しなければならない点が、相手の専門性です。

もちろん相手が専門家であることでより現実的な情報を得られ、専門家にインタビュー、アンケートをするのはとても大切です。しかし、多方で専門家だからこそ、新規事業の「価値」に直結しないモノやコトが必要と伝えられる場合があります。

例えば、新規事業でWEBが必要だったとします。WEBの専門家にインタビューすると、サイトマップやデザイン、SEO対策、リスティング広告、外部リンクや導線などさまざまな現実的な情報を得られると思います。

しかし、新規事業担当者がその情報をもとに、ビジネスモデルに必要なアクティビティやリソースを追加し続けたとしましょう。すると、すでに説明したビジネスモデルの要素バランスが悪くなってしまいます。

インタビューやアンケートで得られた手法の中で「価値に直結する」モノやコトを、自らが取捨選択するという意識を持ちましょう。

最後に、市場調査の結果はしっかりとレポートなどでまとめておきましょう。この情報は後の事業計画書策定でも利用します。皆さんも調査を開始しましょう。

54日目 戦略策定のための現状分析❶「SWOT」

皆さんの中には、新規事業で決裁を得る際に、事業計画書に事業戦略策定の要素やマーケティング戦略策定の要素など、経営学的アプローチの分析情報の明示が必要という方がいらっしゃるかもしれません。

すでにビジネスモデルを構想する際に、これらの視点や要素は一部入っているのですが、もう少々深く、具体的に情報を提示する必要があるという方のために簡単に解説します。なお、皆さんの中で、戦略的・マーケティング的な深い情報は必要ないという方は、このパートを飛ばして次に進んでいただいても問題ありません。

また、本書は新規事業に関する本ですので、戦略論やマーケティング論を深く紹介するのではなく、あくまでも新規事業に必要な最低限の分析の知識と技術をご紹介します。もし皆さんの中でこの分野に興味があれば、それはとてもよいことですので、専門書やインターネットで勉強するのをお勧めします。

なお、戦略の分析部分については、皆さんの新規事業の前提となっている自社の経営戦略にすでに記載されている可能性もあります。もしも経営戦略でこれらの情報が明示されていない場合、経営戦略を策定する前提となる分析情報などが経営企画などの担当部署にある場合がありますので、それらを利用するという方法もあります。

最初は戦略策定のために必要な最低限の分析手法についてです。ここで紹介する分析手法は、経営戦略を立案するうえで必要となる情報を導き出すための「現状分析」手法です。

皆さんはこれらの現状分析の結果と新規事業のアイデアやビジネスモデルがマッチしているかを見る必要があります。そして、この後に解説する事業計画書に明示し、新規事業を進めることが会社や組織として必要であることを訴求していくことになります。

まず、**現状分析として最低限必要な分析手法のひとつに「SWOT（スウォット）分析」**があります。SWOT分析は現状分析の中でもカジュアルで基本的な分析手法です。

P191の図を見てください。これがSWOT分析をするための情報をまとめるテンプレートです。

縦軸に「内部環境」と「外部環境」を置きます。

この内部環境とは、自らの組織（または個人）の内部の状況や資源などの環境要因です。

外部要因とは、自らの組織（または個人）を取り巻く外部の状況などの環境要因です。

次に横軸に目的や目標を達成させるための「プラス要因」と「マイナス要因」を置きます。

プラス要因とは目的や目標達成に「よい要因」、マイナス要因とは目的や目標達成に「悪い要因」として考えていただいてよいです。

縦軸と横軸が重なった部分を考察していきます。

内部環境とプラス要因が重なっている部分は「強み（Strength）」です。内部環境とマイナス要因が重なっている部分は「弱み（Weakness）」です。外部環境とプラス要因が重なっている部分は「機会（Opportunitiy）」です。外部環境とマイナス要因が重なっている部分は「脅威（Threat）」です。

この4つの頭文字を取ってSWOTと呼ばれています。この4つのボックスに情報を埋めていくことで現状分析をしていきます。

例えば、目的・目標達成のために、内部環境でプラス要因とは何だろう？　と考え、出てきた答えが自社の強みの一要素であるということです。

目的・目標達成のために外部環境でマイナス要因（悪い要因）は何だろう？　と考え、出てきた答えが脅威の一要素です。

まずこの段階で注意点があります。先ほどから「目的・目標達成のために……」と記載していますが、SWOT分析では「目的・目標」が明確でなければこのフレームワークを使っても意味がありません。新規事業でこのフレームワークを使う場合は、皆さんの新規事業を立ち上げるという目的・目標を明確にもって現状分析をしてください。

【図 28】SWOT 分析

	プラス要因（よい要因）	マイナス要因（悪い要因）
内部環境	**強み** （**S**trength）	**弱み** （**W**eakness）
外部環境	**機会** （**O**pportunity）	**脅威** （**T**hreat）

次に重要なのは「事実を記載する」です。○○だろうという情報で分析してしまうと結果の精度も落ちます。この注意点を考慮し4つのボックスを埋めたら、さらに分析を進めます。

まず、「強み」と「機会」を見て「自社の強みを活かし機会をとらえるために何をすべきかを考え仮説を導きます。

次に「弱み」と「機会」を見て「弱みを克服し機会をとらえるために何をすべきか」を考え仮説を導きます。

次に「強み」と「脅威」を見て「自社の強みで脅威を防御したり、または機会に転換したりするには何をすべきか」を考え仮説を導きます。

最後に「弱み」と「脅威」を見て「脅威を避けたり、脅威の影響を最小限にとどめるために何をすべきか」を考え仮説を導きます。

この4つの仮説をさらに考察し、新規事業の立ち上げという目的や目標のために、どのような方針で新規事業を創造していくかというインサイト（洞察）や仮説を導くのです。

例えば単純な例として、「当社の○○自動化技術の強みは、超高齢化社会でニーズの高まる介護市場における○○の自動化に活用でき、これを機会としてとらえることができる。しかしながら当社は介護事業における知見や市場ネットワークがないという弱みがある。この弱みは当社の強みである資本力や知名度を活用し、既存介護事業者とのアライアンスを通じ克服できるものと考える。また当社の市場参入により大手介護事業者からの反発が予測されるため、当社は自動化ソリューションのみを提供し、大手介護事業者のメインビジネスには極力抵触しないエリアで参入することで脅威を回避することとする」などのインサイトや仮説を得るのです。

これらのインサイトや仮説を、ビジネスモデルや今後策定する事業計画書に盛り込んでいきます。

55日目

戦略策定のための現状分析❷「3C」

他の最低限必要な現状分析手法に「3C（サンシー／スリーシー）分析」があります。

3Cの「C」とは、「Company（自社環境）」「Competitor（競合環境）」「Customer（市場環境）」の三つの頭文字です。この3つのCの環境・状況分析を通じて「顧客を取り合う」状況を分析するのが3C分析です。

市場には常にお客様がおり、そのお客様の状況は日々変化しており、未来に向けても変化します。その顧客ニーズに対応して企業や組織はさまざまなアクションを取り、顧客を奪い合っているのです。そこで、**その市場（顧客）、競合、自社の状況を洗い出し、分析し、「どうやったら競争構造に勝てるか」というインサイト（洞察）や仮説を導くのが3C分析です。**

つまり、3C分析とは「競争構造分析ツール」ということです。まず、P194の図のようなものを作り、それぞれの環境や状況などの情報をすべて洗い出しましょう。

自社環境には、自社の理念や志、事業や製品の現状、資本力、投資能力、自社経営リソース、現行ビジネスの特徴、自社シェア、取引実績、会社構成など、自社のあらゆる環境や状況を洗い出してみましょう。

【図 29】3C 分析

自社環境（Company）	
競合環境（Competitor）	
市場環境（Customer）	

競合環境では、競合の事業や製品の状況、資本力、投資能力、経営リソース、競合のビジネスの特徴や差別化ポイント、取引実績、会社構成、競合のシェア、業界内でのポジショニング、競合の戦略や今後の予測行動など、競合のあらゆる環境や状況を洗い出してみましょう。

市場環境では、市場規模や成長性、顧客ニーズ、趣味嗜好の変化、顧客消費行動やスタイル、市場・顧客のさまざまな変化基調などの視点であらゆる環境や状況を洗い出してみましょう。

これらの情報を鑑み、「どうやったら競争構造に勝てるか」というインサイトや仮説を導き出します。なお、本書は新規事業の本ですので、ここでいう競合とは、皆さんがこれから進める新規事業における市場で競合となる企業や組織となります。

例えばビール会社が新規事業で健康食品事業を行うことを検討していたとします。その場合、皆さん

が新規事業で必要とされる3C分析は、ビール会社の競合やビール市場ではなく、健康食品会社の競合や市場の分析です。

そしてこれらの環境や状況の情報から新規事業成功のためのインサイトや仮説を導きます。**例えば単純な例として「市場は超高齢社会に推移し、食品市場はより一層健康志向にシフトしている。当社のビール事業の主要資源である◯◯と◯◯の知的財産は、健康食品に転用することが可能であり、市場のニーズにマッチした製品の提供が可能であると考える。また、これらの資源は既存の健康食品関連会社は有しておらず、市場での差別化要因、競争優位性になると考える」などです。**

皆さんの考えられている新規事業が、本当に競争構造の中で勝てるかを3Cで分析してみてください。分析結果を見て、ビジネスモデルを微調整していきましょう。また、これらの分析結果は今後の事業計画に盛り込んでいきましょう。

56
日目

戦略策定のための現状分析❸「5Forces」

最後の最低限必要な現状分析手法のひとつとして「5Forces（ファイブフォース／ファイブフォースィズ）分析」があります。

5Forces分析は「市場、売上、利益、価値を取り合う」状況を分析する「業界構造分析ツール」です。

事業戦略を立案するうえで、業界構造を理解するために、市場、売上、利益、価値を取り合う「競合企業」「新規参入」「代替品」「売り手」「買い手」の5つの要因を分析していきます。

左の図をご覧ください。「新規参入」「競合企業」「代替品」は「市場」や「売上」を奪い合う関係と考えてください。真ん中にある競合企業は同じような製品やサービスで市場や売上を奪い合う相手です。

ここでは、競合の数は多いか、自社と競合企業の規模・資源・技術の状況はどうか、競合は敵対的かなど、3C分析の結果も踏まえて現状分析し、左の図のフォーマットの競合企業分析の部分に情報をアウトプットします。

次に新規参入を見てみましょう。業界構造として新規参入が起こりやすければ市場・売上が

【図30】5Forces

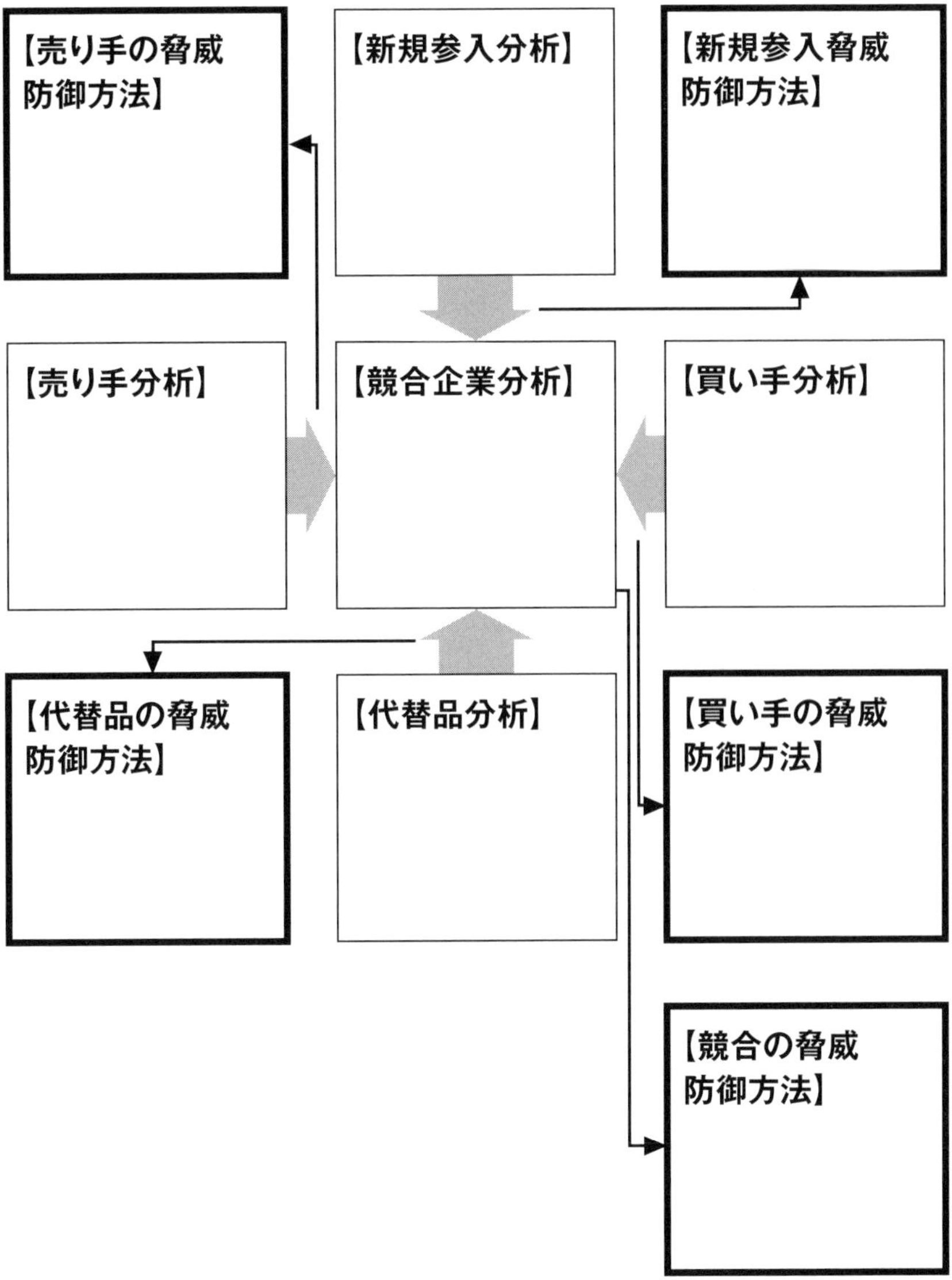
【売り手の脅威
防御方法】
【新規参入分析】
【新規参入脅威
防御方法】
【売り手分析】
【競合企業分析】
【買い手分析】
【代替品の脅威
防御方法】
【代替品分析】
【買い手の脅威
防御方法】
【競合の脅威
防御方法】

奪われやすい業界構造となります。

ここでは、参入するための資本規模、参入に必要な技術や資源、参入の可能性がある企業、参入の可能性がある企業の必要資源の有無、ブランド力や実績は参入障壁になるか、政策や法律で保護されているかなどを見て、新規参入事業者の参入難易度を分析し、フォーマットの新規参入分析の部分に情報をアウトプットします。

代替品を見てみましょう。代替品とは、これから皆さんが新規事業で扱う製品やサービスの代わりになる製品やサービスです。

例えば、東京から北海道に早く行きたいという課題の解決に、飛行機と新幹線があったとします。飛行機は新幹線の代替サービスであり、新幹線は飛行機の代替サービスとなります。自社製品・サービスを代替するものが多ければ市場や売上を奪われやすくなるのです。

ここでは、自社製品・サービスの価値を代替するモノは何か、その代替するモノの市場成長性はどうか、今後考えられるまたは潜在的な代替品は何か、などを分析し、フォーマットの代替品分析の部分に情報をアウトプットします。

次に、図の左右にある「売り手」「買い手」は「利益」や「価値」を奪い合う関係と考えてください。

まず、「売り手」からです。売り手は「利益」を奪い合う関係です。皆さんが新規事業を行う業界で、原材料や製品、サービス、労働力などの購買を行う際、サプライヤーやベンダーの力が強いかどうかという点を見ていきます。

単純な例として、1つ100円の製品を販売したとします。その1つあたりの製品の原材料費は30円でサプライヤーから仕入れていたとします。自社の生産コストは製品1つあたり50円だったとします。すると原価は合計80円となり、利益は20円となります。

もしも、原材料が1つの会社からしか仕入れることができない業界構造の場合、売り手はとても力を持っています。極端な話ですが、原材料を30円から40円に値上げしたいとサプライヤーから交渉が入った場合、自社の交渉力は弱くなります。原材料が40円になると、利益は20円から10円となり、10円の利益がサプライヤーに奪われたこととなります。売り手が強ければ利益を圧迫されやすいのです。

逆に、原材料はどこからでも仕入れられる状態の業界構造であった場合、自社の交渉力は強くなり、利益を奪われるリスクは低くなります。さらに自社の購買活動により原材料の仕入れ価格を下げることもできるかもしれません。

売り手の分析では、「売り手は強い交渉力を持っているか」を重点的に考えます。例えば、売り手はそこでしかない技術、モノ、特許などがあるか、売り手と自社の市場プレイヤーの数の差はあるか、販売相手を選ぶことができるかなどです。

これらを分析し、フォーマットの売り手分析の部分に情報をアウトプットします。勘の鋭い方はお気付きかと思いますが、この売り手は、ビジネスモデル・キャンバスの「キーパートナー」とも関連している部分です。

「買い手」を見ていきましょう。買い手は「価値」を奪い合う関係と考えてください。

皆さんが新規事業を行う業界で、自社の製品やサービスを買うお客様の力が強いかどうかという点を見ていきます。

先ほどの例でいうと、1つ100円の製品を販売していたとしていました。このとき、この製品の本来の価値は100円です。しかし、もしも同じような製品が市場にあふれており、買い手がどこでも買える状態であった場合、買い手の力は強くなります。

例えば、同じような課題を解決してくれる製品ならば、安い価格のものを買うかもしれませんし、値引き交渉をしてくるかもしれません。

この場合、自社の交渉力は弱くなります。100円の価値のものを90円に値引きして売ったとします。このとき、自社が考える価値から10円分の価値を買い手に奪われたという考え方になります。買い手が強ければ価値が圧迫されやすいのです。

逆に製品やサービスが自社しか扱っていないものであれば、自社からしか買うことができないため、買い手の力は弱くなります。

買い手の分析では、3C分析の市場環境分析結果も参考にしながら、買い手は強い交渉力を持っているかという点を見ていきます。

例えば、買い手は自社の製品やサービスに価値を感じているか、買い手は自社の製品やサービスを購入しなくとも、同じような価値を代替したり補完したりする術をもっているか、買い手は同じ価値を得るために購入相手を選ぶことができるかなどです。これらを分析し、フォーマットの買い手分析の部分に情報をアウトプットします。

なお、この買い手は、ビジネスモデル・キャンバスの「顧客」とも関連しています。買い手の力により、与える価値と顧客を結ぶ「顧客との関係」や「チャネル」にも関連してきます。

5Forces分析は、5つの要素を分析して終わりではありません。先ほどの5つの要素の分析は、簡単にいうと、自社の脅威に対する分析でした。重要なポイントは、この脅威をどう「防御」するかを考えることです。

P197のフォーマットの中の各「防御方法」の中にアウトプットしましょう。これらの分析結果をもとに、今一度ビジネスモデルを微調整していきましょう。また、これらの分析結果は、今後策定する事業計画にも盛り込んでいきます。

57
日目

戦略策定のための現状分析❹「ＫＳＦ」

ここまで事業戦略策定に最低限必要な現状分析手法をお伝えしました。これらの分析結果をすべて勘案し、ＫＳＦ（キーサクセスファクター／最重要成功要因）を導きます。

ＫＳＦとは「事業成功のカギ」です。事業の成功のためにはさまざまな要因がありますが、その要因をすべて成し遂げる最重要の要因といってもよいでしょう。

ボーリングにたとえると、「センターピン」です。このセンターピンを倒すと、その後ろのピンも倒れていくという最重要の成功要因です。

例えば「圧倒的な投資とスピードで市場シェアを奪い、先行者優位を得る」というＫＳＦだった場合、先行者優位を得ることで、他の成功要因も実現できるということです。

また「当社の独自の価値観に共感するパートナーとお客様のみの密なコミュニティ形成」というＫＳＦであれば、自社に共鳴する人々、自社を本当に愛してくれている人々を囲うことで、他の成功要因も実現できるということです。この成功要因をビジネスモデルや今後策定する事業計画書に組み込んでいきましょう。

58日目

戦略策定のための現状分析❺「ＳＴＰ」

ここからマーケティング戦略策定について説明します。ここでは、事業計画に関連性の高いマーケティング基本戦略策定のための「ＳＴＰ」とマーケティングの具体的施策を導く「マーケティング４Ｐ」の２つをご紹介します。これらはビジネスモデル・キャンバスを作成する際にすでに皆さんが考えられていることを含みます。

まず「ＳＴＰ（エスティーピー）」についてです。**ＳＴＰ分析とは、皆さんがこれから新規事業で扱う製品やサービスの「立ち位置」を明確にする分析です。**「セグメンテーション（Segmentation）」「ターゲティング（Targeting）」「ポジショニング（Positioning）」の頭文字を取って「ＳＴＰ」と呼ばれています。

まず、セグメンテーションからです。セグメンテーションとは市場を細分化することです。簡単にいえば、新規事業で扱う製品・サービスの市場を明確化するために細分化するということです。

この細分化には、一般的に４つの視点があります。「人口統計」「地理」「心理」「行動」などによる細分化です。

人口統計とは、年齢・性別・年収・職業・家族構成などの統計情報により細分化するものです。地理とは、国・地域・気候区分・言語地域など地理的要因により細分化するものです。心理とは、ライフスタイル・性格・価値観などの情報により細分化するものです。行動とは、手法・頻度・タイミングなど行動により細分化するものです。

教科書的に説明するとこのようになりますが、セグメンテーションする手法は他にも多くあり、決まりはありません。とても重要なのは、新規事業で製品やサービスを提供する市場を明確にすることです。

例えば、非常に単純な例として、あなたはラーメン屋を始めようと考えていたとします。ラーメンの市場といってもとても大きな市場です。人口統計的に見たとして男性・女性が好むラーメン、独身が好むラーメン店と家族で食べるラーメン店とは異なります。地理的に東京のラーメン店と福岡のラーメン店とでも市場は異なります。心理としてラーメンは食事として食べる人と、お酒を飲んだ後にラーメンを食べる人とでも市場は異なります。行動として、週に数回食べる人と、1か月に1回ほどしか食べない人とでは市場が異なります。もうちょっと視野を広げてみると、店舗や出前、テイクアウトなどの形態でも市場が異なります。このように大きな市場でも、あらゆる軸で細分化できるのです。

「市場の細分化」という言葉がピンとこなかったら、市場を細かく「カテゴライズ」したり「グルーピング」したりするという観点で進めていただいてもかまいません。

セグメンテーションで市場を細分化したら、次はターゲティングです。ターゲティングとは、セグメンテーションで細かくした市場の中で、どの市場をターゲットとするかを決めることです。具体的には新規事業で参入する市場を特定することです。

これを決定するときに重要な観点のひとつとして「競争優位性」があります。自社がその特定の市場で競争優位となる部分をターゲットとします。わざわざ負ける市場に参入するのではなく、「勝てる市場」に参入しようということです。もうひとつの視点としては成長性があります。これは本書で説明したメガトレンドと共通しています。わざわざ衰退する市場に参入するのではなく、成長している、または成長する市場に参入しようということです。

最後に市場規模です。これも本書ですでにお伝えしていますが、市場規模の大きいところに参入するのか、市場規模の小さいところに参入するのかという観点です。一般的には市場規模の大きい市場をメインに見ます。これらの観点から細分化した市場の中で参入すべき特定の市場にターゲットを絞ります。

なお、このターゲティングの際は複数のセグメンテーションの軸を組み合わせてターゲットを決定します。**先ほどのラーメン店の例では、東京の小田急線○○駅、頻度高くラーメンを食べる顧客、お酒を飲んだ後に食べる顧客、独身、30~40歳の男性……など、単純な例ではありますが、このようにターゲット市場を決めていきます。**

59日目

戦略策定のための現状分析❻「ポジショニング」

次はポジショニングです。**ポジショニングとはターゲット市場の中で自分の立ち位置を決めるということ**です。立ち位置を決める際に重要なのは競合との比較軸を持つということです。そして競合との差別化ポイント（独自ポイント）を明確にし、競争力の高いポジションに参入するということです。

一番簡単な手法としては、左の図のように縦軸と横軸を決め、そこに競合の製品やサービスをプロットし、そのうえで自分の立ち位置を決める方法です。

例えば、単純な例として挙げた先ほどのラーメン店のターゲット市場を、縦軸に価格の「高い」「安い」を置き、横軸に「あっさり」「こってり」というのを置いたとしましょう。競合の立ち位置を置き、その中で自分がどの立ち位置を取るのかを決定します。

このポジショニングの軸を決定すること自体がとても重要です。

例えば、ターゲット市場の人のニーズが「こってり」であったり、自らが提供するラーメンが「こってり」しか作れないのであれば、そもそも「あっさり」という軸で切ってもあまり意味がありません。その場合、魚介系や家系などの素材や材料の軸、トッピングやメニューの軸

【図31】ポジショニングマップ

（ターゲット市場：小田急線○○駅／30～40代男性／月4回以上利用／etc.）

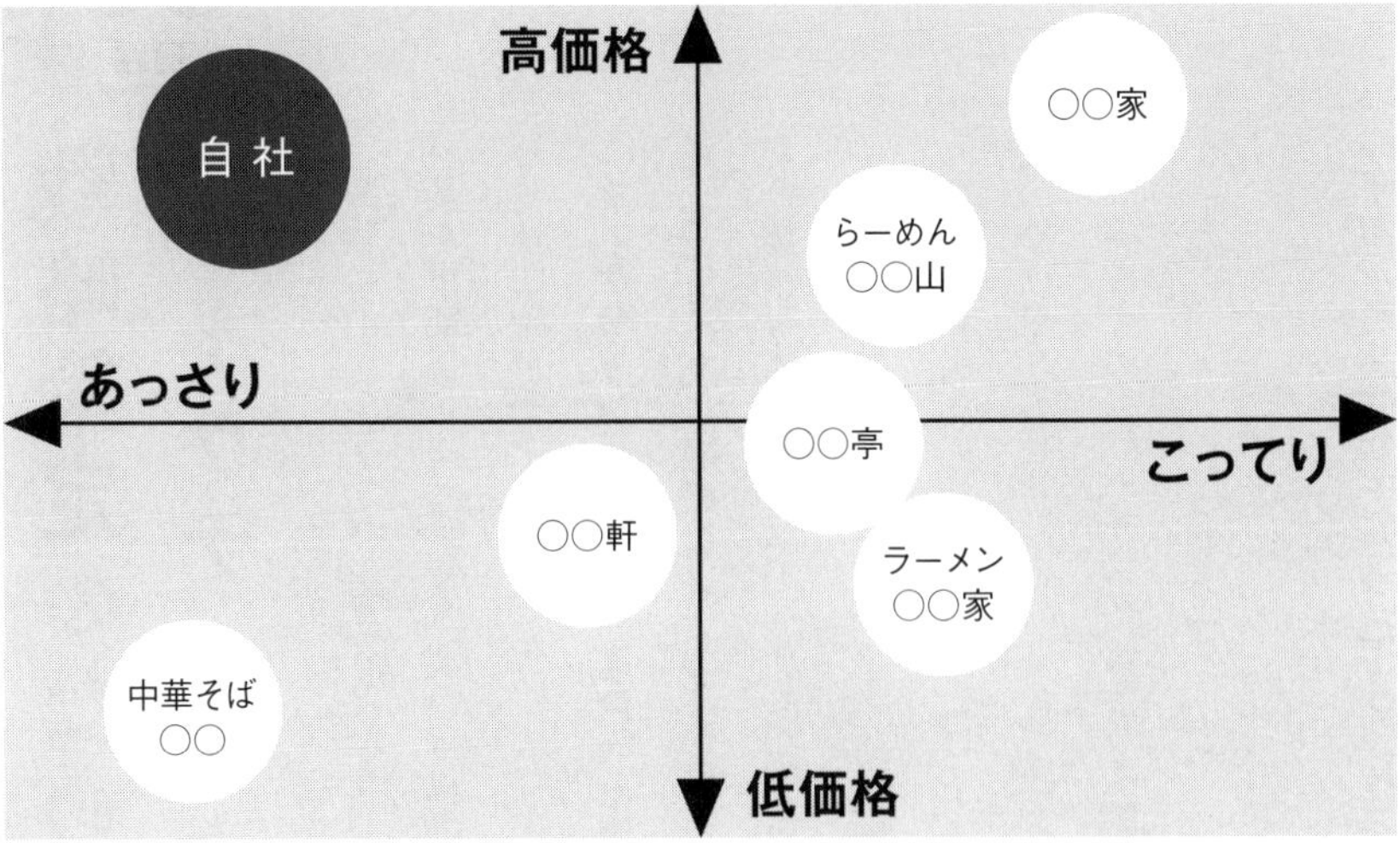

など、他の軸などで考える必要があります。

重要なのは、競合との差別化要因、もしくは独自要素を特定し、そこにポジショニングし、ターゲット市場で「唯一」または「No．1」を取るということです。消費者や顧客はターゲット市場で「唯一」または「No．1」しか記憶しません。

これらの分析結果を経て、ビジネスモデル・キャンバスの各要素の微調整をしましょう。

そもそもの製品やサービスの再考が必要な場合は、ビジネスモデル構築前の新ビジネスアイデアの微調整も必要かもしれません。また、この分析結果は今後の事業計画書で活用されます。

60日目 戦略策定のための現状分析⑦「マーケティング4P」

最後に「マーケティング4P」を説明します。話を単純化すると、皆さんの新規事業で扱う製品やサービスをターゲットのお客様に提供する具体的施策を策定する分析手法です。

マーケティング4Pの「4P」とは「製品やサービス（Product）」「価格（Price）」「流通（Place）」「販売促進（Promotion）」の頭文字の4つのPを指しており、マーケティングの具体的施策を決定するうえで重要な要素となります。

また、これらの最適なバランスを取ることが重要とされています。

これらの要素の多くはすでにビジネスモデル・キャンバスで特定されていると思いますが、現状分析やSTP分析を経ることにより、違った視点で考えられる可能性がありますので、事業計画書でマーケティング戦略の具体的施策を求められている場合は、改めて考えてみましょう。

まず、**製品やサービス（Product）**についてです。

現状分析結果やSTP分析を経て、市場環境や競争環境、業界構造を加味し、特定の市場やお客様に提供すべき製品やサービスとは何かを改めて「具体的」に考えていきましょう。

例えば、製品名（ブランド名）、デザイン、パッケージ、量・品質、アフターサービスなど、製品やサービスに関する具体的なスペックを明確にしましょう。

次に**価格（Price）**について考えます。

現状分析やSTP分析結果、そして具体的な製品やサービスを勘案し、合理的な価格を設定します。例えば**競合との関係、与える価値と対価のバランス、利益確保の観点など、多角的に考え価格を決定していきます。**

この部分はすでにビジネスモデル・キャンバスの「収入」で考えていると思いますが、多角的に見ることにより、価格がさらに明確になります。価格を修正すべきと考えた場合は、ビジネスモデル・キャンバスを調整しましょう。

流通（Place）は顧客に価値を届ける流通経路を明確にすることです。

ここでも現状分析やSTP分析の結果から最適な流通経路は何かを考えていきます。すでにビジネスモデル・キャンバスで「顧客との関係」や「チャネル」で同様のことを考えていますが、各種分析を経て、異なる流通経路が最適だと考えた場合、ビジネスモデル・キャンバスを調整しましょう。

最後に**販売促進（Promotion）**を明確にしましょう。

【図 32】マーケティング 4P

製品・サービス **Product** （何を売るのか？） 特徴／品質／デザイン／パッケージ／ ボリューム・個数／保証／アフターサービス／etc.	**価　格** **Price** （いくらで売るのか？） 希望価格／卸価格／支払方法／支払条件／ 割引／優待条件／送料／etc.
流　通 **Place** （どうやって届けるのか？） 流通チャネル／販路／物流／通販／立地／ 在庫／配送／etc.	**プロモーション** **Promotion** （どうやって知らせるのか？） PR／広報活動／セールスプロモーション／ 営業／広告宣伝／etc.

プロモーションでは、話を単純化すると、どのように製品やサービスを認知してもらうか、その最適な手法を明確にしていきます。このときに必ず考える必要があるのは「ターゲット市場や顧客にどのように認知してもらうか」という点です。

単純な例として、ターゲット顧客がインターネットを利用していない層だった場合、オンラインマーケティングは最適とはいえません。

ターゲットの市場が特定の駅の周りと限定された地域であれば、全国にテレビCMを流してもあまり意味がありません。

この販売促進も、すでにビジネスモデル・キャンバスの「顧客との関係」や「チャネル」で考えているものです。

しかし、各種分析手法を経て、最適な販売促進方法が新たに特定できたら、ビジネスモデル・キャンバスの要素を調整しましょう。

最後にこれらの４つのPのバランスを見ます。

例えば、価格と販売促進のバランスが悪かったり、製品・サービスと流通のバランスが悪かったりなど、４つの要素のバランスを取ることが重要となります。マーケティング４Pの分析結果、決定事項は新規事業計画書に盛り込む内容となります。

ここまで、経営戦略的視点の現状分析や、マーケティング戦略的視点の分析をご紹介しました。これらの分析をした結果、合理的な思考で新規事業を考えることができ、新規事業の実現可能性を高め、リスクを軽減させることができます。

皆さんの時間が許せば、決裁でこれらの分析が求められていなかったとしても、新規事業成功の確度を高めるためにチャレンジしてみましょう。

PART4.

事業計画書を作る

▼決裁者がビジネスプランを見るポイントをおさえて事業計画書を策定すること

▼事業計画書とは3～5年間の新規事業の概要、事業方針、事業内容、事業環境、事業展開戦略、財務計画などを文書、数値、図表などで策定した資料を指す

▼事業計画書は決裁者だけではなく、自チームや外部利害関係者など、自分たちと自分たちを取り巻くあらゆる方々と関係する書類である

▼事業計画書は読み手の視点に立って作成し、相手が知りたいことを伝える必要がある

▼事業計画書は組織や外部利害関係者によってフォーマットや求められる項目、情報が異なり、だからこそ「マスター事業計画書」を作成しておくことが重要

▼事業計画書では新規事業の6W2Hが明示され、さらにそれがMECEであることが望ましい。事業計画書に一発合格はほぼない。しかし、決裁者からの修正・追加・削除などのフィードバックが次にGOサインをもらえるチャンスの要素となる

▼プレゼンが新規事業の採否に影響することも。相手の立場に立った説得のストーリーをもとに適切なプレゼンが重要となる

61
日目

経営者がビジネスプランで見るポイント

このパートでは、いよいよ事業計画書の策定について解説していきます。皆さんの中には、「事業計画書でこんなに多くの項目や詳細を求められていない」という方や、そもそも事業計画書は求められていないという方もいらっしゃるかもしれません。

そのような方のために、最初に「経営者がビジネスプランで見るポイント」をお伝えしておこうと思います。これを知っておくことで、事業計画書を求められていない方でも、新規事業アイデアを決裁者に訴求する際の新しい視点が得られるはずです。

私はこれまで、多くの方に新規事業構想やビジネスプランを提供してきました。また、これらの決裁者や決裁者をサポートする皆さんとさまざまな交流を通じ、決裁ポイントを聞いています。経営者、執行役員、相談役、事業部長、銀行担当者、ベンチャーキャピタリスト、中小企業診断士、コンサルタント、アドバイザーなどさまざまな立場の方です。

皆さん、立場や権限はバラバラですが、新規事業を評価するときに共通している点があることに気づきました。この共通して見ているポイントを特別にお伝えしようと思います。逆にいうと、新規事業の決裁者や決裁をサポートする方は、これから記載することが決裁にあたり「気になっている」のです。この気になっているポイントを確実に訴求することが、決裁を得るために必要になってくると考えてください。

価値・新規性・差別化要因

世の中の課題を解決する価値自体を見極める決裁者がほとんどです。さらに、その課題の解決方法に新規性や差別化要因があるかということを見ています。決裁者の方は、課題を解決しなければ対価が得られないことを知っています。

したがって決裁者の方は、**まずどのような課題を、どうやって解決しようとしているのか、その実現可能性を見ています。**さらに、競合と同じ方法で課題解決をしても競争力がないので、その課題解決手法に新規性や差別化要因があるかを見ています。

世の中の課題

先ほど「どのような課題を、どうやって解決しようとしているのか」と記載しましたが、この課題自体を深く見る決裁者も多くいます。**具体的にどの市場におけるどの課題を解決できる**

のか、その課題を解決した際に、お客様は喜んで対価を支払っていただけるのか、お客様が喜んで対価をお支払いいただけるようなお客様の顕在ニーズ、潜在ニーズが本当にあるのか、などを見ています。

収益性

当たり前のことですが、収益性はほぼ間違いなくすべての決裁者が見ます。では具体的にどういったところを見るのか、詳細化してみましょう。

【市場】経営戦略を考慮し、それにマッチする十分なマーケットボリュームがあるか

まず、収益性の源泉となる市場の規模を見ます。先ほどの世の中の課題の大きさととらえてもよいでしょう。より大きな市場の大きな課題を解決すれば、より大きな対価を得られることを決裁者は知っています。

【成長率】ターゲットとするマーケットは高成長マーケットか

次に市場の成長性を見る方が多いのです。すでに本書でも伝えたように、メガトレンドに乗っている市場かどうかを見る場合もあります。成長性が高いマーケットというのは、世の中

の課題が増加していて、課題解決の価値を世の中が求めているから成長しているともいえるのです。逆に言うと、縮小傾向にある市場は課題が少なくなっているともいえます。縮小傾向の市場に対し、新規投資しようと考える決裁者はあまりいないということです。

【利益率】高い利益率が見込めるか

利益は次への投資の財源です。したがって、新規事業の利益率は次の投資に結びつきます。つまり、ほぼすべての決裁者が利益率を決裁の判断基準にしていると考えてください。皆さんも「自分ごと」として考えるとよくわかると思います。

例えば、300万円で同じようなハイブリッド車が2台あったとします。1台は1Lあたり30㎞走ります。もう1台は1Lあたり40㎞走ります。もしも、皆さんが燃料費削減分を次の投資に回したいと思っていたらどちらを買うでしょうか。燃費がよりよいほうを買うと思います。

【投資回収期間】早期に投資を回収できるか

先ほどの利益率と関連し、決裁者は「立ち上がりの早い」新規事業を好む傾向があると考えてください。つまり、新規事業が初期投資を回収し、自走できるまでの期間が短いことを決裁ポイントに置いている場合があるということです。

【投資リターン】投資に対し魅力的なリターンが見込めるプランか

さらに長期的な視点で、ＲＯＩ（投資利益率／return on investment）を見る決裁者がほとんどです。**ＲＯＩとは、簡単にいえば、投資額に対し一定期間に得た利益の割合です。新規事業の投資対効果を測る指標のひとつで、数値が大きければ大きいほど投資対効果が高くなります。**もっと簡単にいうと、投資回収期間が過ぎた後の長期的な視点でどれだけ利益が見込めるかという部分を見ます。

リスク

新規事業の投資に対してリスクはつきものですが、決裁者は投資額や投資回収期間とリスクのバランスを見ることがほとんどです。**新規事業に大きなリスクがある場合、新規投資はしづらいのです。逆に大きな投資であってもリスクがあまりなければ投資しやすいのです。**

このバランスの他に、現時点でターゲットのマーケットに進出・参入することは本当に適切であるかという観点でリスクを考えたり、進出・参入にともなうリスクに見合ったリターンは得られるのかなど、リスクを基準においてリターンが適切かを考えたりすることもあります。

ここで、大切なことを最初に伝えておきます。よく、事業計画書やプレゼンテーションなどでリスクを決裁者に伝えない場面に遭遇します。これはよくありません。

決裁者というのは、「よいこと」と「悪いこと」を天秤にかけて決裁をします。大きなリスクがあったとしても「やらねばならぬ」という新規事業の場合、決裁者は決断し実行することもあります。この判断や決断を適切に行うためにもリスク情報というのはとても重要なものになります。

起案者

決裁者の多くは、新規事業の起案者や、それを進めるリーダーの人となりを見ることが少なくありません。

例えば、極端な例ですが、事業計画自体は筋が通ったよいものだったとしても、新規事業をリードしていくメンバーに熱意がなかったり、少々斜に構えている態度だったりしたらどうでしょうか。「本当にこのメンバーは新規事業をやり遂げる覚悟があるのか?」と不安に感じてしまうことでしょう。

その他にも、新規事業を進めるメンバーのプロフィールを見て、新規事業を進める能力や技術、知識があるのかという点を見ることもあります。

例えば、よくあるのが、インターネット系のマッチングビジネスをやりますという新規事業に対し、メンバーが誰もＷＥＢ系の知識がなかったり、ＷＥＢマーケティングの知識がなかっ

たり、新規事業のコア（中核）を外注してしまったりすることがあるのです。これは、コア・コンピタンスが考えられていないと評価されてしまう可能性があります。このように新規事業を推進する「人」も重要な意思決定基準となります。

経営理念や志

これは多くの経営者の方が大切にしている決裁ポイントです。具体的には、**自社の経営理念や志にマッチしているプランなのか、他社ではなく、なぜ自社でやるべきことなのかなどを重点的に見ている方がほとんど**だと思ってください。

企業や組織というのは、経営理念や志が中心にあり、活動しています。ここととマッチしていない新規事業は自社でやる意味や意義がなくなってしまうのです。新規事業担当者は日々忙しいので、ついつい自社や自組織の経営理念や志を忘れてしまい、課題解決や収益性などに集中してしまうこともあるかと思いますが、新規事業の土台となる自社や自組織の経営理念・志とマッチしているかが決裁時には見られるということを心に留めておいてください。

これらが、決裁者が共通して見るポイントになります。これ以外にも決裁者が独自に持っている決裁ポイントももちろんあります。したがって、最低限ここは必ず決裁時に評価されるポイントであるということを心に留めていただければと思います。

【図33】経営者がビジネスプランで見るポイント

ポイント	内容
価値・新規性・差別化要因	この新規事業構想は、顧客の重要な課題を解決し、価値を創造することができるのか？ その課題解決に新規性・差別化要因があるか？ これらの実現可能性は高いのか？
世の中の課題	具体的にどのような市場における課題を解決できるのか？ その課題を解決した際に顧客は喜んでその対価を支払うのか？ 顧客が対価を支払うような顧客の顕在ニーズ、潜在ニーズにマッチしているのか？
収益性	【市場】経営戦略を考慮し、それにマッチする十分なマーケットボリュームがあるか？ 【成長率】ターゲットとするマーケットは高成長マーケットか？ 【利益率】高い利益率が見込めるか？ 【投資回収期間】早期に投資額を回収できるか？ 【投資リターン】投資に対し魅力的なリターンが見込めるプランか？
リスク	現時点でターゲットのマーケットに進出・参入することは本当に適切であるか？ 進出・参入にともなうリスクに見合ったリターンは得られるのか？
起案者	新規事業のコアに関する知識、技術、経験を起案者または、起案チームが有しているか？ 本当にこの起案者（メンバー）は新規事業をやり遂げることができるのか？
経営理念・志	自社の経営理念や志にマッチしているプランなのか？ 他社ではなく、なぜ自社でやるべきことなのか？

63日目

事業計画書とは何か

新規事業計画における事業計画書とは、一般的には、3～5年間の新規事業の概要、事業方針、事業内容、事業環境、事業展開戦略、財務計画などを文書、数値、図表などで策定した資料を指します。

話を単純化すれば、新規事業の3～5年間の6W2Hをより詳細に具体的に記述した資料となります。新規事業を行うかどうかの重要な意思決定資料です。

事業計画書を策定する理由として、自分や自らの新規事業チームの考えや計画をまとめ、明確化することが挙げられます。

皆さんは現在まで新ビジネスアイデアの6W2Hを作成し、ビジネスモデル・キャンバスでビジネスモデルを作成してきました。

6W2Hが完成したとしても、次のビジネスモデル・キャンバスを作成するときに、新しい課題に直面したり、新しく検討すべきことが見つかり、すんなりと作成できなかったりしたのではないでしょうか。

フレームワーク（考える型）を変えると、多角的な視点で考えることができ、より精度の高

い新規事業構想ができるのです。事業計画書はそのフレームワークのひとつともいえます。

事業計画書を作成し始めると、すんなり書けないこともあります。それは、その部分に新規事業の脆弱性があるということです。その場合、今一度自分や自分のチームで考えや計画を検討しまとめていきましょう。

事業計画書を策定するもうひとつの大きな理由として、外部・内部利害関係者に自分や自分のチームの考えや計画を伝え、協力を得るためということがあります。

決裁を経たあと、新規事業開発に進むわけですが、その段階から多くのステークホルダー（利害関係者）を巻き込み、協力を得ながら進めていく必要があります。そのとき、自分たちのやることが明確に提示できなければ、相手は協力のしようがありませんよね。

自分や自分のチームがこれから何をやるのか、いつやるのか、どこでやるのか、なぜやるのか……などの6W2Hを明確に伝え、その情報を土台として協力を取り付けていくのです。

なお、事業計画書の重要ポイントを簡潔に短時間に伝えるものがプレゼンテーションやプレゼンテーション資料となります。これらについては後でお伝えします。

また、事業計画書は基本的に「読み物」だと思ってください。つまり、「読んで理解できるもの」でなければなりません。

後に詳しく述べますが、事業計画書はさまざまなシーンで活用されます。

策定した自分が詳細を口頭で説明できない状態で、事業計画書のみが情報共有として展開されるなど、いわゆる資料が「一人歩き」するものと考えてください。

だからこそ、策定した本人が口頭で補足説明しなければならないような資料ではなく、「読んで理解できるもの」にする必要があるのです。

最後に、**事業計画書は「一発合格」はほとんどない**と考えていただきたいのです。つまり、皆さんが最初に作成した事業計画書が、そのままの形で決裁に通るということはほとんどないと思っていたほうがよいでしょう。

すでに説明したように、決裁者はあらゆる視点から事業計画書をチェックします。決裁者の意思決定にそぐわない内容や、決裁者の知りたいポイントが記載されていないことなどで、追加・削除・修正などの「やり直し」が発生すると、まず思っておいてください。

しかし、その**やり直しをポジティブに考えましょう。なぜなら、その指摘ポイントを改善すれば、新規事業に対してGOサインが出る可能性が高まるからです。**また、これらの修正を通じて、より現実的な事業計画になっていくのです。

まずは、外部環境が大きく変化する前に、新規事業構想の着手から90日間で最良の事業計画書を生み出していきましょう。

64
日目

決裁者・出資者の視点で作成する

事業計画書は、多種多様な利害関係者が見るものであることを伝えました。そして、その人たちが理解できるように記載するべきであると述べました。その中でも特に決裁者と出資者は新規事業を立ち上げるうえでとても重要な関係者となります。

なぜならば、自分で決裁し出資する新規事業以外は、決裁者による新規事業へのＧＯサインが出なければ、そして出資者が投資をしてくれなければ、新規事業はそもそも前に進まないからです。決裁者や出資者を説得できる情報を事業計画書に記載する必要があるのです。

説得するためには、相手が知りたい情報を、そして意思決定するために必要な情報を提示する必要があるのです。だからこそ、**読み手の目線になって事業計画書を書かなくてはなりません。**

事業計画書を書くのは自分たちの考えをまとめ明確にする目的もあるため、ついつい自分目線だけで書いてしまうことがありますので、この「読み手の視点」を常に持っておくという注意が必要です。

ここで決裁者の目線になるゲームをしてみましょう。簡単な質問です。

あなたは、自分の貯金100万円をAさん、Bさん、どちらかにどうしても貸さなければいけません。貸すにあたって、Aさん、Bさんがあなたにプレゼンをします。そのプレゼンの内容を聞いて100万円をどちらに貸すか決定することとします。あなたは、Aさん、Bさん、どちらに貸すでしょうか。

【Aさんのプレゼン】

15年の実務経験を経て、私の長年の夢・志である○○という商品を販売する事業を始めたいと思っています。自己資金は1000万円ですが、自己資金のみだと計画が実行できないため、出資をお願いしたいのです。

現在○○の商品の市場規模は5000億円ですが、××リサーチの結果では10年後に4兆円の市場規模が見込まれています。実際に米国では昨年から今年にかけて1・2倍の市場規模拡大となっています。

創業時の計画は……で、単年度黒字化するのは3年後、投資回収期間は5年を見ています。

初期の投資家の皆さんには7年目までに1・3倍のリターンを見込んでいます。社会的にも大きな価値を提供できると考えています。

【Bさんのプレゼン】

○○という商品を販売する事業をするからお金を貸して。絶対10倍にして返すよ！　○○という商品は今キテると思うんだよね！

絶対成功する予感がする！　友達だよね！　○○という商品自体にはあまり興味がないけど、世の中の流れでここで人生一発逆転したいんだよ。自己資金？　そんなもんないよ。あるわけないだろ？　だからお願いしているんだよ。

この質問は数多くの講演会や企業研修などで受講者に問いかけてきました。当たり前の話ですが、多くの受講者は、自分の大切な100万円をAさんに貸すと言います。重要なことは、なぜ「その決裁」をしたかということです。

多くの方はAさんがしっかりと市場調査していて市場の状況がわかりやすい、新規事業の計画が明示されている、返済条件などのお金の条件が明示されているなどを理由に決裁したと言います。とても簡単にいえば、Aさんのほうは自分が判断するための材料である市場の情報や計画、製品やサービスの情報が提示されているということです。

その他にも決裁ポイントがあったと思います。例えばプレゼンをした「人物」を軸に見てみるとどうでしょうか。Aさんのほうが、新規事業の実現可能性を高める能力や技術、知識があることがわかります。そして、誠実さ、熱意、情熱などもAさんのほうが上回っているように感じます。

すでに記載した決裁者が見るポイントでも、決裁者は新規事業の起案者自体を決裁ポイントとして見ると述べました。この簡単なゲームで決裁者の観点が少しわかっていただけたかと思います。

情報としては、これらの人の知識、技術、能力、誠実さ、熱意、情熱なども新規事業計画書に明示する要素として、とても重要なものになります。

誠実さ、熱意、情熱については、「私は情熱があります！」とダイレクトには書きませんが、決裁者は事業計画書の文章や分析、文書のレイアウトなどから感じとることができるのです。

これまで私は、素晴らしい新規事業を考えた皆さんが、事業計画書で決裁が得られないケースを数多く見てきました。その大きなポイントのひとつが、決裁者の知りたいポイントを明示していないというものでした。

決裁者の多くは日々の仕事で時間があまり取れない方々です。相手が知りたい情報をそのときに知ることができないことで、決裁が下りない、決裁までに追加の時間を要するなどの事態が発生してしまいます。

相手の視点で事業計画書を書くこと、相手が知りたいことを記載するのを心がけ、事業計画書の策定を進めていきましょう。

65日目 マスター事業計画書を作成する

ここでは、より理解を深めるため、「はじめに」でご紹介した、期間限定提供のテンプレートをダウンロードいただき、一緒に確認することでより理解が深まります。

さて、具体的に事業計画書の中身について解説していきます。まず、大前提としておさえておいていただきたいことがあります。

それは、事業計画書で求められる「項目」は企業や株主、銀行、監督省庁などによって異なります。もちろん、提出を求められるフォーマットも異なることでしょう。

もしこの本をお読みの方の中で、スタートアップの起業家がいらっしゃれば、場合によってはさまざまなフォーマットの事業計画書を複数作成しなくてはならないこともあるでしょう。

「またこの項目を書くのか……」「この項目は考えていなかった……」などの悩みが出てくると思います。

そこで、私が提案するのは、**これらのほぼすべての項目を網羅した「マスター事業計画書」を作っておく**ということです。

本書で紹介する事業計画書の項目は、私の経験上、準備しておいたほうがよい情報の項目となります。準備しておけば、どんなフォーマットで、どんな情報提供を求められたとしても、対応できます。だから「マスター事業計画書」と呼んでいます。

左の図がマスター事業計画書の目次になります。これらの目次項目の概要をこの後に説明します。

またあらかじめお伝えしておきますが、事業計画書の各項目に明示する方法は、文書、数字、絵、図表、ダイアグラムなど、どんな形式でも問題ありません。自社や自組織で決められていない限り表現方法は自由です。

ただし、すでにお伝えしたように、この事業計画書を読む人、読み手のことを考え、どうやったらこれらの情報を漏れなくわかりやすく表現できるかということを考えながら作成していってください。

なお、マスター事業計画書はワードなどの文書作成ソフトで作っておき、そのままでも事業計画書として活用できるようにしておくことをお勧めします。

企業や組織によっては、事業計画書のフォーマットがエクセルなどの表計算ソフトやパワーポイントなどのプレゼンテーションソフトで作成されているのを見ますが、基本的に事業計画書は「文書」ですので、ワードなどの文書作成ソフトで作成するのが望ましいです。**一般に事業計画書は文書作成ソフトで作成されることが多く、事業計画書は自社や自組織以外でも活用されることがあるため、より一般的な慣習で作成するのが望ましい**のです。

【図 34】 マスター事業計画書目次

- □【エグゼクティブサマリー】
- □【本事業計画書の目的】
- □【事業名・事業内容】
- □【着想点・社会的価値】
- □【企業・事業概要】
- □【製品・サービス】
- □【市場・環境分析】
- □【マーケティング・営業戦略】
- □【仕入・生産・オペレーション計画】
- □【組織・人事計画】
- □【パートナーシップ戦略】
- □【事業スケジュール】
- □【財務計画】
- □【実現可能性】
- □【リスク管理計画】
- □【出口戦略】
- □【その他】
- □【参考文献／参考資料・記事】
- □【補足資料／付属資料】

【エグゼクティブサマリー】…66日目

事業計画書の表紙の次に出てくるのは一般的に「目次」ですが、目次の前か直後に「エグゼクティブサマリー」をつけましょう。**エグゼクティブサマリーとは、当該文書の概要や重要情報など、相手が知りたい情報を簡潔に記載するページです。**もっと簡単にいえば、当該文書の「要約」です。

先ほどもお伝えしたように、決裁者はとてもお忙しい方が多いのです。大量の文書を読むのではなく、このエグゼクティブサマリーを読み、興味があれば文書全体を読む、もしくは部下などに詳細情報を読んでおくように指示をするといった具合に活用される場合があります。

ですから、**エグゼクティブサマリーは基本A４で1ページほど、長くても2ページ程度で簡潔に記載しなければなりません。**さらに、文書全体を読んでいただけるように、魅力的に書かなくてはなりません。端的にいうと、決裁者が1～2分程度で読めて、理解でき、次のアクションの判断ができるものである必要があるということです。

記載方法は多様にあります。重要なのは相手の視点に立って記載することです。相手が項目立てした文書のほうが理解しやすければ、箇条書きにしたり、図や絵のほうがわかりやすければ、図や絵で表現し、数字のほうがわかりやすければ数字や表で表現したりします。

決裁者に「こういうことが書かれています。読んでください」という手紙を書くような気持も大切になります。

なお、エグゼクティブサマリーの最初には本書の目的を簡潔に1行程度で書くことをお勧めします。

【本事業計画書の目的】…67日目

本事業計画書の目的をしっかりと明示してください。新しい事業の詳細情報・詳細計画を明示するという目的だけではなく、**決裁者や利害関係者に対し、本書を通じてどうアクションして欲しいのかということも明示しましょう。**

例えば決裁者に対しては決裁をいただきたい旨、利害関係者には新規事業への理解と協力を得たい旨を記載するなどです。

相手の行動を促すことが新規事業を前に進めるためにとても重要な要素となりますので、相手に次にして欲しい行動を明示することを強くお勧めします。

【事業名・事業内容】…68日目

この項目では、事業として何をやるのか、その事業名と事業内容を記載していきます。この項目の小項目としては、

●事業名

●事業内容

と分けてわかりやすくコンパクトに記載することをお勧めします。

気をつけていただきたいのは、ここでは、製品やサービスの詳細情報、つまり機能要件や製造方法などは書かないということです。あくまでも「事業」の内容ですので、事業全体の内容を記述してください。簡単にいうと、当該新規事業の全体像の概要を記載するのです。

ここまで読まれてきた方ならおわかりだと思いますが、世の中に価値を提供し、したがって対価を得るというのがビジネスで重要ポイントとお伝えしてきました。さらに、価値というのは世の中の課題を解決することとも述べました。つまり、ここは、**世の中にどのような課題があり、それをどうやって解決し、したがって価値として対価をいただくのか、その概要を記載する部分である**と考えてください。

イメージしやすいように事業内容の例を記載します。

例えば、「カーシェアリング」の新規事業をやろうとしていたとします。そのときに「お客様の有するＩＣカードを当社のＷＥＢサイトで契約していただき……ＷＥＢサイトで利用日と時間を入力し予約……当日、予約した車のＩＣカード読み取り機にＩＣカードを読み取らせて開錠し……」などと細かい機能などは記載しません。

書くべきことは事業全体の内容です。

例えば、「○○カーシェアリングサービスを新規事業として行います。『ちょっとだけ車を使いたいけど、レンタカーを借りるのは面倒』という課題を『安心・簡単・手軽に車を借りられるサービス』で解決します。首都圏と主要観光地を中心にサービスを展開し……」など、事業全体を俯瞰して事業内容を記載します。細かい点はこの後の項目で記載しますので、事業自体の内容を記載するようにしましょう。

【着想点・社会的価値】…69日目

なぜ、その事業をする必要があるのか。社会的課題、ビジネスの着想点、事業を行うことによる社会的価値を記載します。ここでは以下のように小項目に分けて記載することをお勧めします。

- **●社会的課題**
- **●ビジネスの着想点**
- **●本事業の社会的価値**

例えば、先ほどのカーシェアリングサービスの例だと、本当は車を使いたいけれど、週に1

回程度の利用で車を購入するには車の本体価格や都心の駐車場代、高騰する燃料費などを考えると費用対効果が悪い、だから使いたいけど使えないという社会的課題などが考えられます。また、自動車業界も公共交通機関の普及や若者の志向性の変化から車離れが発生しているなどの社会的課題も考えられるかもしれません。

ビジネスの着想点としては、例えば、1台の車をみんなで使いまわすことで、またそれを既存のWEBマッチングの仕組みを新結合することで課題解決が可能であるなどが考えられます。また、これらの課題解決による社会的価値を本項目で記載していきます。

例えば、1時間から手軽に車を借りられる、レンタカーのような面倒な手続きがない、消費者の車維持費を大幅に削減できる、など価値を記載することができることでしょう。

【企業・事業概要】…70日目

創業・設立する企業および事業の情報を明記します。新規事業の中には、新しい会社として実行する場合と、既存の企業や組織の内部で実施する場合があります。新しく会社として実施する場合は創業・設立する新しい企業の概要を記載します。既存の企業や組織の内部で実施する場合は新しい事業の概要を記載します。小項目としては以下のように分けることができます。

●基本情報

新規事業の企業名（事業名）、企業（事業）の所有権、代表者、所在地、創業（新規事業推進）メンバー、企業の沿革または過去の経験・ノウハウ・技術など、新規事業を実行する会社や組織や人の基本情報を記載します。表にしてわかりやすく記載してもよいでしょう。

●志、経営理念（事業運営理念）
●事業の目的
●ミッション／将来のビジョン
●創業の想い／事業化の意思
●社会貢献性

新規事業開発や運営時に立ち返るべき皆さんの志や経営理念（事業運営理念）、創業の想い、事業化の意思、目指すべき方向性、社会貢献性などを明示しましょう。新規事業を推進する会社や組織や人の想いやビジョンの部分を記載します。

【製品・サービス】…71日目

市場に提供する製品やサービスの詳細情報を記載します。製品・サービスの概要、新規性・競争優位性、競合製品・サービスとの比較と強み、主要なテクノロジー、儲けの仕組み（ビジネスモデル)、製品・サービスの実現方法、今後の展望などを、さらに小項目にし、記載します。「事業名・事業内容」の項目では製品・サービスの詳細を記載しないと述べましたが、詳細はこの項目で記載してください。

この項目の小項目としては以下を明示します。

●製品・サービスの概要
●新規性・競争優位性
●競合製品・サービスとの比較および自社製品・サービスの強み
●主要テクノロジー
●儲けの仕組み(ビジネスモデル)
●製品・サービスの実現方法
●今後の展望

製品・サービスの概要、新規性・競争優位性、競合製品・サービスとの比較と強みについては、本書で今まで述べてきたこと、そして皆さんがそれに基づき現時点までに6W2Hや、ビジネスモデル・キャンバスで考えてきたこと、戦略的分析、マーケティング的分析で得られた知見をもとに記載してください。

主要なテクノロジーについては、皆さんが推進する新規事業の実現に欠かせないテクノロジーを記載してください。もしも、それらがテクノロジーだけではなく、知識や能力もある場合は、主要知識や能力を小項目として追加しましょう。

また、これらのテクノロジーや知識、能力を自社や自組織が有しているのか、もし有していない場合、誰が有しているのかを簡潔に記載しましょう。

儲けの仕組み（ビジネスモデル）については、ビジネスモデル・キャンバスをそのまま利用せず、より簡潔なダイアグラム（図）などでわかりやすく明示していきましょう。

製品・サービスの実現方法については、話を単純化すると「何をどのようにすれば製品・サービスが現実のものとなるのか」を念頭に、製品・サービス開発時の主要活動や手法について簡潔に記載してください。なお、この活動については、この後に登場する「事業スケジュール」の記載事項と連携していきます。

最後に今後の展望についてですが、今回の新規事業が順調にいった後に「さらにどう展開していくか」の展望を記載していきます。

今回の新規事業開発の範囲外のものではありますが、決裁者や投資家目線で考えると、新規事業が立ち上がった後の次の一手を知りたいという方もいます。新規事業の拡張性を明示するためにも、この項目が必要になってくるのです。

例えば、先ほどのカーシェアリングの新規事業の例でいうと、今回の立ち上げはＢｔｏＣビ

ジネスであった場合、そのＢｔｏＣがうまく事業として回り始めたら、ＢｔｏＢの法人にビジネスプラットフォームを展開するとか、ＢｔｏＣビジネスを拡張し、観光地での「ちょい乗り」ニーズを満たすサービスを展開するなどの展望を次の一手として記載するのです。

【市場・環境分析】…72日目

自社や自組織の企業戦略、事業戦略（競争戦略）に新規事業に関する市場・環境分析がすでに含まれている場合は、その分析内容を記載します。新規事業担当者が市場・環境分析する必要があれば、本書で述べた（Ｐ188〜211参照）手法で分析し、その内容や結果を記載します。市場調査から得られた市場ニーズ、市場規模・動向、市場成長性の他、３Ｃ分析、ＳＷＯＴ分析、５Ｆｏｒｃｅｓ分析などの概要や分析結果、ＫＳＦ（キーサクセスファクター）などを記載し、ターゲット市場への戦略を記載します。

本項目の小項目は次のようなものになります。

●ターゲット市場概要
●ＳＷＯＴ分析
●３Ｃ（顧客、自社、競合）分析
●５Ｆｏｒｃｅｓ分析

●ターゲット市場への戦略
●市場ニーズ
●市場規模・動向・成長性
●KSF（キーサクセスファクター）

重要な点は、皆さんがこれから新規事業で参入する市場とその環境を「分析した結果」を記載するということです。決して、既存の製品やサービスを販売している市場やその環境の現在状況の情報だけではありません。決裁者や利害関係者は新規事業で参入する市場の分析結果から得られるインサイト（洞察）や戦略に興味がありますので、これらに関して知りたい情報を提供していきましょう。

【マーケティング・営業戦略】…73日目

マーケティング戦略立案時に分析した分析内容や結果を記載します。STPなどの概要、マーケティング4Pの概要などを記載します。マーケティングだけではなく、営業戦略が別途必要な場合は、販売戦略を明確化しましょう。

マーケティングとは「売れる仕組み」を指します。営業戦略とは「具体的にどう売っていくのか」という売ることに特化した戦略です。具体的な売り方の明示が必要な場合は、ビジネスモデル・キャンバスで策定した顧客との関係性やチャネルを参考に、より具体的な戦略を記載しましょう。

本項目の小項目としては以下のように分けられます。

●ＳＴＰ

●マーケティングミックス（４Ｐ）

・製品・サービス／顧客価値（Product）
・価格／顧客コスト（Price）
・販売場所・流通チャネル／顧客利便性（Place）
・広告宣伝・販売促進／コミュニケーション（Promotion）

●営業戦略（必要な場合）

【仕入・生産・オペレーション計画】…74日目

原材料、原材料入手先、原材料安定供給に関する戦略や戦術、仕入に関する契約条件および支払条件、オペレーション（運営・運用）概要、オペレーションプロセスなどを記載します。

この項目をさらに細分化すると、「仕入計画」「生産計画」「オペレーション計画」のように分けて記載することもできます。

この項目を記載する情報の源泉となるのが、すでに策定しているビジネスモデル・キャンバスのキーアクティビティ、キーリソース、キーパートナーの情報になります。これらを仕入、生産、オペレーションなど、**新規事業の価値を生み出す方法に合わせて小項目化し、それぞれの小項目の詳細な戦略・戦術・計画などを明示しましょう。**

本項目は以下のような小項目に分けられます。

●仕入計画

●生産計画

●オペレーション計画

【組織・人事計画】…75日目

新規事業開発時（事業準備時）の組織体制、新規事業運用開始後の組織体制を明確化します。事業責任者および従業員の知識・技術・能力・職務要件、それぞれのフェーズにおける必要人数などを明確にします。また、合わせて事業責任者および従業員の待遇、雇用形態、雇用方法を明確にしていきます。

必要に応じて新規事業組織の組織図を明示しましょう。これらの情報の源泉はビジネスプラン・キャンバスで策定したキーリソースの中のヒトになります。

なお、本項目では直接雇用の従業員について記載していますが、新規事業によっては派遣社員やパートナーの業務委託先従業員のサポートがなければ実現しない事業もあります。その場合は、必要に応じて当該項目にこれらの方々も含めて記載する場合があります。

本項目は以下のような小項目に分けられます。

●組織体制計画

●職務要件および能力

・役割Aについて、役割Bについて……

【パートナーシップ戦略】…76日目

新規事業立ち上げ、新規事業安定運用、事業拡張を目的とした協力企業・支援企業・関係企業について記載します。パートナーの情報の源泉は、すでに策定しているビジネスモデル・キャンバスのキーパートナーの情報になります。主に出資、借入、仕入、技術提供・共用などの観点から記載します。

これらを小項目とし、どのようなパートナーがいるか、これらのパートナーと新規事業成功のためにどのような関係を構築するのか、その戦略を記載していきます。

先ほどのカーシェアリングの例でいうと、例えば、本事業が出資と借入で新しい会社を作るといった場合、パートナーシップ戦略の小項目に「出資」という小項目を作り、出資金の額、○○株式会社／出資（株主）比率70％、株式会社○○／出資（株主）比率30％などの比率や、「借入」という小項目を作り、○○銀行／2000万円などと明確化するイメージです。

本項目は以下のような小項目に分けられます。

●出資
●借入
●仕入
●技術提供・共用
●その他

【事業スケジュール】…77日目

新規事業開発、事業開始、事業安定運用化に関する中期的なスケジュールを記載します。さらに、開発計画、マーケティング計画、仕入・生産・オペレーション計画、人員計画などについてもその概要スケジュールを明確化していきます。

ここでのスケジュールは、すでに記載した「製品・サービス」の「製品・サービスの実現方法」や「マーケティング・営業戦略」「仕入・生産・オペレーション計画」「組織・人事計画」「パートナーシップ戦略」の情報とリンクしていなくてはなりません。

一般的には重要な要素や活動について、工程表などでわかりやすく表現していきます。

【財務計画】…78日目

収支計画（少なくとも5期目まで）、主要財務指標、予測キャッシュフロー（C／F）、予想貸借対照表（B／S）、損益計画および利益計画（P／L）、資金調達計画、投資回収計画など、自社や自組織で求められる計画を明確にします。

さらに、**自社や自組織が求める場合、それぞれの悲観モデル、楽観モデル、標準モデルを明確にします。**悲観モデルとは売れなかった場合であり、楽観モデルとは売れた場合の数値ということです。標準モデルとは、これらの間にあり、事前に決めたアルゴリズムを基に、確度の高い数値を表します。最後に長期的計画および展望を明確にします。

この財務計画は以下のような小項目にし、情報を明示しましょう。

●**財務計画サマリー**

・売上（標準モデル）

事業運営開始後、第1期〜第5期までの売上の推移を、確度の高い標準モデルで明確にしましょう。

・利益（標準モデル）

同じく5年間の利益の推移を、確度の高い標準モデルで明確にしましょう。

・単年度黒字化

単年度黒字化するのは第何期で何年度かを「第×期（20××年度）」といったように記載しましょう。

・投資回収期間

一般的には初期投資費用を何年で回収できるかを明示します。なお企業によって「投資」の範囲の解釈が異なりますから、「投資」とされる範囲を事前に確認し、それを回収する期間を「×年××か月」のように明示しましょう。

●**製品販売予測／サービス利用回数予測**

新規事業で扱う製品が何個販売されるのか、サービスを扱っている場合、何回利用されるのかを、運用開始1〜5年目まで明示します。表などでわかりやすく表現しましょう。なお、自組織が求める場合は、悲観モデル、楽観モデル、標準モデルすべてを明示します。

●開業・起業資金計画（新規事業開発資金）

新規事業開発時、つまり運用開始までに必要な資金の計画を明確にします。話を単純化すれば、初期投資を何に使うかということの内訳になります。表などにまとめ、わかりやすく表現しましょう。なお、表の項目名は会計上の勘定科目軸で記載するのか、実際に購入や契約するモノやサービス軸で記載するのかはあらかじめ自社や自組織のルールに則り記載してください。あくまでも私の経験ですが、**事業計画書の場合、実際に購入や契約するモノやサービス軸で項目を記載し、その金額を記載することが多いように感じます。**それは、決裁者や利害関係者の興味関心が「初期投資で何にいくらかかるのか」にあり、勘定科目軸の表ではそれがうまく表現できないからだと考えています。

●資金調達計画

新規事業に必要な資金をどこで、どのように調達するのかを記載します。ここでいう資金とは、先ほど明示した新規事業開発時、つまり運用開始までに必要な資金のことです。**自己資金、外部出資、融資などさまざまな資金調達方法がありますが、その「どの手段」で「どこ」から「いくら」調達するのかを明確にしましょう。**

●P／L予測・B／S予測・C／F予測

新規事業運営後の1期～5期目までの損益計算書（P／L）、貸借対照表（B／S）、キャッシュフロー計算書（C／F）の予測を明示します。この中で確実に明示が必要なものはP／Lだと考えてください。

あくまでも私の経験上ですが、決裁者の要求がなければ、また大規模な新規事業でなければ、B／SやC／Fの予測を明示することはあまりありません。また、P／Lについても、どこまでが新規事業の費用なのかを事前に確認しておくことをお勧めします。

例えば、新規事業の組織が本社の一角を借りているときの地代家賃や水光熱費、法務や経理などの間接業務を全社で管理していた場合の費用負担の有無、福利厚生費などの扱いなど、全社や本社と一部シェアしているものについては事前に新規事業の費用範囲に入るのか入らないのかなどを確認する必要があると考えます。

なお、このP／L、B／S、C／Fについても、決裁者や利害関係者の要求に応じて、悲観、楽観、標準のモデルを用意する場合があります。

●投資回収計画

投資回収期間を明示します。決裁者や利害関係者が各種計画の悲観、楽観、標準モデルを求める場合は、投資回収期間についても、悲観、楽観、標準の投資回収期間を明示します。

●その他

必要に応じて、NPV、IRR、ROIなどを記載しましょう。

●長期計画・展望

財務計画については、6期目以降の計画の概要を記載する場合があります。よく見かけるのが、6期目以降どのようなキャッシュフローを回していくのか、利益をどのように利用するのか、利益の再投資をどのようにしていくのか、各種借入と返済の計画はどうするのかなど、6期目以降の長期的なお金にまつわる展望を記載していきます。

【実現可能性】…79日目

本新規事業の実現可能性が高いことを伝える項目です。
決裁者や投資家は資金を投下し、その成果に責任を持っているわけですから、当然実現可能性が気になっています。したがって、実現可能性が高いことを示す重要な根拠を伝える必要があります。

例えばすでにプロトタイプを作っており、利用できる状態であるとか、特殊な技術を提供す

る協力会社との協力基本合意が文書で取れているとか、プロトタイプを使ったお客様へのアンケートの好結果であるとか、主要なお客様との初期契約に関する基本合意が文書で取れているとか、監督省庁の許可が取れているとか、融資や資金提供のエビデンスがあるなどです。

話を単純化すると、事業計画が空想や架空のものではなく、実現する確度が高いことを示すのです。相手を説得できる、実現可能性が高い根拠を明示しましょう。

【リスク管理計画】…80日目

新規事業立ち上げ時、本事業計画実行時の主要なリスクを記載し、それらの対応計画を明確にします。

まず新規事業開発時のリスクを考えましょう。新規事業が立ち上がらないなどの主要リスク要因、新規事業を立ち上げることにより発生する主要リスク要因を明示します。

さらに簡単に説明すると、投資自体が無駄になってしまうリスクや、投資すること自体が既存ビジネスや現在の体制に影響を及ぼすなどの要因です。そしてそれぞれのリスク要因に対して、どう事前に対策・対応するのかなどの計画を明示します。

次に新規事業が立ち上がり運用開始した後の主要リスクを考えましょう。ここでは、主に、投資回収が計画通りにいかない主要リスク要因を明示します。すでに事業計画書に明記しているマーケティング・営業戦略、仕入・生産・オペレーション計画、組織・人事計画、パートナーシップ戦略、事業スケジュール、財務計画が計画通りにいかず投資回収に影響を与える主要リスク要因などです。

さらに、法令などの変更にともなう事業自体の持続可能性がなくなるリスクや競合の模倣リスクなどの外部環境変化にともない投資回収に影響を与える主要リスク要因も考え明示しましょう。

これらのリスク要因に対して、どう事前に対策・対応するのかなどの計画を明示します。

これらの主要リスク要因とリスク対策などを表で簡潔にまとめたり、文書で簡潔にまとめたりするなど相手にわかりやすいように記載しましょう。

【出口戦略】…81日目

出口戦略として、どの新規事業でも考えなくてはならないのが、「撤退条件」です。**新規事業は投資案件であることがほとんどですから、どのような条件になってしまったら撤退するのかを明示しておく必要があります。**

例えば、新規事業で取り扱う製品やサービスが、特定の許可が必要であった場合、その許可が得られなければ撤退とするなどの条件です。

他の例としては、法令違反、行政指導があった場合、○年目までに計画の利益の○％まで達成していなかった場合など、新規事業開発や運営に対して重大な事象を撤退条件にする場合がほとんどです。

これらの条件はより詳細に記載しておく必要があります。撤退せねばならない状況に追い込まれるときは、この事業計画書策定や決裁時から時間が経ったときです。撤退を検討するときに、この事業計画書を改めて見て意思決定や判断をします。

その際にグレーな表現、ファジーな表現をしていては、意思決定がしづらくなってしまいます。明確な基準を設けておくことをお勧めします。

ここまでは「撤退」という悪いときの出口戦略でしたが、よいときの出口戦略を策定する必要があれば、ここで明示します。

もしも本新規事業が、特定の規模や特定の条件を満たし目標を達成した場合、売却、吸収・合併などを検討する必要があれば、事前に出口戦略について明記しておきましょう。

このような出口戦略の策定ではまず具体的に目標達成の基準を明確にしておきます。

例えば、販売数量や売上高、利益額、事業の規模を示すさまざまなパラメータなどです。その基準をしっかりと設定し、それを達成した際に本事業をどうしていくのかの行動基準などを出口戦略として明確にします。

【その他】…82日目

ここまでで多くの事業計画書フォーマットを網羅する項目を挙げましたが、皆さんの新規事業計画書の中で、紹介していない項目要素があれば、追加していってください。

【参考文献／参考資料・記事】…83日目

本事業計画書で活用した文献、資料、記事があれば、その文献や資料・記事をリストアップして記載しておきましょう。

【補足資料／付属資料】…84日目

皆さんの事業計画書に別添する資料類があれば、そのタイトルを目次のようにリストアップしてください。

例えば、よくあるパターンとして、各種分析やアンケートなどの市場調査の手法や詳細な結果データなどを付属資料として添付し、事業計画書内の関係項目にはこれらの結果やサマリーのまとめのみを簡潔に記載する方法などがあります。その他のパターンとしては、新規事業に関連する法令文書を添付したり、すでに外部利害関係者と何かしらの交渉や合意をしている場合、それらの活動に関する文書類を添付したりすることもあります。

このような場合、事業計画書内の各項目の文章に「別紙○参照」と記載することで、読み手がその詳細情報を気になったときに付属資料を見られるようにしておきましょう。

その他、自社や自組織で決裁欄や新規事業番号など、決められた要素を事業計画書に入れる必要があれば、漏れなく入れていきましょう。

85日目

事業計画書の中でも最も重要な要素

本書では最初に新ビジネスアイデアの6W2Hを考えました。実は事業計画書の中でも最も重要な要素というのもこの「6W2H」なのです。

フォーマットは違うにせよ、またその情報の量や粒度は違うにせよ、決裁者や利害関係者が知りたいことはこの6W2Hに含まれているのです。したがって、事業計画書でも6W2Hのすべてが詳細にわたるまで相手に明示できているかという観点で最終チェックしてみてください。

では、どのような視点でチェックすればよいか、決裁者の視点に立ってみて見ましょう。

What

何の製品やサービスを市場に提供しようとしているのか？

その具体的な内容は？

その社会的価値は？

Why

なぜその製品やサービスを市場に提供するのか？
なぜその製品やサービスを提供すると社会的課題が解決し価値を生み出すのか？

Who

誰がそれをやるのか？
どのような技術・知識・能力がある人が何人必要なのか？
自社だけで完結できない場合、どのようなパートナーが必要なのか？

Where

どこに対してその製品やサービスを提供するのか？
ターゲットとなる具体的な市場はどこか？
その規模はどの程度か？
その市場はどのような状況か？

Whom

誰に対してその製品やサービスを提供するのか？

ターゲットとなる具体的な顧客は誰か?
その顧客はどのような顧客でどのような状況か?

When

いつそれをやるのか?
ヒト・モノ・カネ・ジョウホウはいつ必要なのか?
いつから事業構築をするのか?
いつから事業運営開始するのか?
具体的な日付は?

How

競争優位に立つために製品・サービスをどのような特徴をもたせるのか?
どのようにその価値を生み出すのか?
どのようにそれを市場に展開するのか?

How much

課題解決をしたらお客様は喜んで対価をお支払いいただけるのか?

いくらの資金が必要なのか？

いくらの売上・利益がいつもたらされるのか？

投資回収期間は？

資金調達計画、売上・利益計画、キャッシュフロー計画はどうなっているのか？

この6W2Hに付帯する重要な観点もお伝えします。それは、事業計画書が「MECE（ミーシー）」か、という観点です。MECEとは、Mutually Exclusive and Collectively Exhaustive の頭文字を取った言葉で、直訳すると「お互いに重複せず、全体に漏れがない」という意味です。**相手に明示する事業計画書の内容が「お互いに重複せず、全体に漏れがない」かという観点で、かつ読み手になった気持ちでチェックすることが望ましいのです。**

なお、全力を尽くした事業計画書を決裁者に提出したとしても、一発合格とならないことも多々あります。多くは、より詳細な情報が知りたいという依頼や、記載しているものが本当かエビデンスを用意して欲しいという依頼など、一部の修正、追加、削除などが求められることが多くあります。これをポジティブに捉えましょう。

なぜならば、その修正をすれば、GOサインがもらえる可能性が高まるからです。ポジティブに、めげずに進んでいきましょう。

90日目

プレゼンで新規事業採否が決まる

新規事業の決裁において、多くの場合、事業計画の内容を決裁者に説明します。これがプレゼンテーションです。

大勢の前のプレゼンであれ、会議室での説明であれ、相手を説得するプレゼン自体が新規事業の採否を決定する重要な要素となります。いくら素晴らしいビジネスプランであっても、プレゼンでうまく説得できないと決裁が得られないことがあるのです。

まず、事前にひとつ認識しておいていただきたいことがあります。**お忙しい決裁者は事業計画書を読まない状態でプレゼンの話を聴く場合が多いという現状です。**

もしも事業計画書に目を通していただいていたとしても、皆さんが考える新規事業への理解度には達していないと考えたほうがよいでしょう。

イメージとしては「○○関連の新規事業なんだね」というぐらいの簡単な前提理解でプレゼンを聴いていると考えたほうがよいでしょう。

そして、決裁者の皆さんは「プレゼンで興味を持ったら事業計画書に目を通してみよう」と考えていると思ったほうがよいです。

したがって、プレゼンは、新規事業の採否以前の「事業計画書を見るか見ないか」の決裁者の意思決定の場であると考えたほうがよいのです。

このような自分と決裁者との「情報の差」を埋めつつ、「相手を説得する」のがプレゼンテーションです。では、相手に何を説得するのでしょうか。

それは自分が要望する行動を決裁者に取っていただくことです。つまり、「相手の次の行動」を自分が要望する方向に促す説得をするのです。

もちろん、新規事業を進める許可を出してもらえるよう説得するのは重要ですが、もう少し具体的に説得することも考えましょう。

例えば、フェーズ1の投資のみ決裁して欲しい、○○の開発のみ先行して実施させてほしいなどです。このように、**プレゼンでは決裁者に何をして欲しいかという目的や目標をしっかりと持って臨みましょう。**

相手を説得するためには、まず、新規事業の基本情報である6W2Hが確実に相手に理解できるようにプレゼンのストーリーを組み立てましょう。そのうえで、相手の視点に立ってプレゼンのストーリーをカスタマイズしましょう。

例えば、自分は技術のことについて興味があるが、相手は売上・利益・マーケティングに興味があったとします。プレゼンで技術の話ばかりしても、相手の興味・関心事項はそこにないので、相手の行動を促すのは難しいでしょう。相手の興味・関心をしっかりと把握し、相手の視点でプレゼンを準備しましょう。

プレゼンは10分程度のものを準備するのが一般的です。10分は短いと感じる方が多いかもしれませんが、それはプレゼンをする側の視点です。

プレゼンをされる側、すなわち決裁者はお忙しい方々であることが多く、重要情報はコンパクトに10分程度で説得する必要があります。10分で説得ストーリーをプレゼンした後に、決裁者からの質疑応答の時間にあてるような形式が理想です。

したがって、**10分での最良の説得ストーリーと、質疑応答の準備が必要**です。決裁者の視点に立ち、想定問答集を事前に作成し、準備をしておくのです。必要に応じて、質疑応答用のプレゼン資料も準備しておきましょう。

プレゼンのときに、決裁者はビジネスプランだけではなく「あなた」自身も見ています。本当に新規事業をやり遂げられる人なのか、意欲はあるのか、誠実かなど、新規事業を推進する人を見ています。

自信なさげにおどおどとしたプレゼンをする人に決裁者は、なかなか大きな金額を投資できません。自信をもって、堂々と振る舞い「この人だったら任せられるな！」というプレゼンをしましょう。

プレゼンの場での説得材料として大きな力を持つのは、「エビデンス」です。

例えば、「○○は多くの人が望んでいるのです」と伝えても「本当?」と相手は思ってしまいます。「○○は対面調査の結果80%の方が望んでいるのです」と説明し、対面調査のデータや対面調査の写真を資料に掲示し説明するとしないのでは説得力が大きく違います。

プロトタイプも大きな説得の材料になります。

「○○の操作はとても簡単です」よりも「○○の操作はとても簡単です。模型ではありますが、ここで実演してみます」というのでは説得力が大きく違います。新規事業は、今まで見たことのない、経験したことのないモノやコトですから、より現実的にプレゼンすることが相手を説得するうえでとても重要になるのです。

ここまで簡単ではありますが、新規事業関連のプレゼンでの重要ポイントをお伝えしてきました。

もし今後、皆さんの新規事業構築において、決裁を得ることが壁になっているのであれば、新規事業の内容だけではなく、その「伝え方」にもレベルアップが必要な可能性もあります。そのときはプレゼンテーションの知識と技術を改めて学んでみることをお勧めします。

プレゼンに関する知識や技術においても、共通している重要な要素として「相手がいる」ということが挙げられます。プレゼンテーションは、情報の発信者がいて、受信者がいます。そして情報の発信者は明確な目的がありそれを発信します。

そして受信者はその情報を受け取るわけですが、発信者が相手のことを考えずに情報を発信すれば、相手はその情報を受信できない、もしくは受信したとしても理解できない状況になってしまいます。

そして最終的には発信者の目的を達成できないのです。これは伝え方、プレゼン資料などすべての情報発信において共通です。

新規事業におけるプレゼンテーションの最大の目的は、相手に取ってほしい行動を取っていただくことです。

そのために必要なのは、事業計画書を詳しく読んでいただくことなのです。

プレゼンで新規事業の魅力を伝え、相手に興味を持っていただき、そして相手に取ってほしい行動をしっかりと伝え、その行動の最終決断をするために事業計画書を読んでいただくよう誘導することが必要なのです。

事業計画書にはプレゼンテーションでは伝えきれない新規事業の魅力が多く書かれています。プレゼンで魅力を伝え、事業計画書が相手に読まれれば、相手に動いていただける可能性がますます高まります。

なお、場合によっては、プレゼンでよい結果が得られず、事業計画書が読まれないこともあ

【図35】プレゼンテーションで重要なポイント

- □ 自分と決裁者との情報の差を埋め、相手の次の行動を促すための説得をすることがプレゼン
- □ 決裁者を説得するために新規事業の6W2Hを確実に伝える
- □ 決裁者の興味・関心に寄り添い、決裁者の目線でプレゼンのストーリーを作る
- □ プレゼンテーションは長くやればよいものではない。プレゼンのストーリーを伝える必要最低限の時間でプレゼンし、その後の質疑応答で詳細を伝えていく
- □ 新規事業実行者として相応の姿勢と態度で臨む
- □ エビデンスやデータを活用し、説得力を高める
- □ プロトタイプで実現可能性を訴求する

ります。そのときは必ず、相手にインタビューをしてください。

具体的には「どういった点がひっかかりましたか？」「どういった点が気になりましたでしょうか？」など、よい結果にならなかった相手の理由をしっかりと聴くことです。

相手は何かしらの理由があり、採否を出していますので、その理由をうまく聴きだしましょう。

この「理由」が新規事業構想やプレゼンをさらに強くします。

なぜならば、新規事業に対する懸案事項を解消できれば、決裁や協力を得られる可能性や、相手に次の行動を促せる可能性が高くなるからです。

プレゼンも事業計画書と同じで一発合格とならないことが多々あります。

しかし、そこでネガティブな気持ちにならず、ポジティブに「これを解決したら次に進める」と前向きに考え、チャレンジしていきましょう。

PART5.
事業計画の改善

▼初期の事業計画を発表すると、利害関係者からさまざまな要求事項が発生する。これらを迅速に調整し、より現実的な事業計画書にしていくことが求められる

▼要求事項はしっかりと管理し戦略的に対応していくこと

▼継続的な利害関係者への説得や外部環境の変化を確認するために市場調査は継続することが重要

▼新規事業チームの中で明確な役割分担をして責任者・意思決定者を決めること、リーンスタートアップを意識すること、初心を忘れないことが新規事業を進めるために大切である

90~
日目

新規事業アイデアに一発合格はない

ここまで、皆さんは短期間で新規事業アイデアをカタチにしてきました。この「短期間」ということが今の時代では大きなポイントとなります。

すでに述べたように、現代は外部環境の変化が早い状況です。これからもっと早くなっていくことでしょう。

こういった環境の中では、昔のように時間をかけて綿密な新規事業計画をすればするほど成功率が高まるとは決していえず、むしろ**「時間」という資源を有効活用しなければ、成功率が低下する可能性すらあります。**

具体的には、時間をかけて計画している間に、競合が先に製品やサービスをリリースしてしまうことや、計画している間に利用しようとしていたビジネスモデルやテクノロジーが陳腐化してしまうことなどがあります。

もうひとつは、新規事業計画に時間をかけてカタチにしたとしても、一発でその新規事業の実行許可や決裁を得られないことが多いということです。例えば、皆さんの家族から「700万円の外国車を買ってください。理由は……。メリットは……」と言われたとします。あなたは即時に「よし、それ買おう！」と言うでしょうか。

多くの方が、より詳しい情報を求めたり、話し合いの場をさらに設けたり、国産の車ではだめなのかなどの交渉をしたり、何かしら決裁・決断の前に時間を取ることでしょう。そしてあらゆる調整を経て、決裁や決断をすることでしょう。

新規事業では、決裁者の他にも多くの利害関係者がいます。その方々との調整の時間も必要になっていきます。

このように、新規事業アイデアや計画をカタチにしても、その後にそのアイデアや計画を見たあらゆる利害関係者の要求事項が発生します。この要求事項を調整し、新規事業がさらに現実的なものになってくるのです。

だからこそ、初期の新規事業アイデアや計画は迅速に短時間で策定する必要があるのです。

短時間でといっても、決して「手を抜いて」ということではありません。**初期の新規事業計画の精度が高ければ高いほど、その後の利害関係者との調整工数は下がります。**

逆にざっくりとしたいい加減な新規事業計画であれば、その後の利害関係者との調整工数は増加しますし、そもそも新規事業計画を相手に魅力的だと思ってもらえず、調整すらしてくれない可能性もあります。

したがって、新規事業計画に費やす時間の制約を設け、その中で新規事業の担当者のベストを尽くすことが重要なのです。

皆さんが、想像している以上に新規事業のスピードは早まっています。日本だけではなく、海外にも目を向けるとそれがよくわかります。

ひとつ具体的な私の経験をお話ししましょう。インドで仕事をしたときのことです。そこでIT関連の起業家の皆さんと会いました。AI、ブロックチェーン、RPAなどを活用したとてもイノベーティブなアイデアをそれぞれが持っており、そして共通の世の中に対しての課題感を持っていました。そこから議論が始まり、新結合が生み出されていました。

約3か月後にその皆さんと再度会う機会がありました。そこで驚くべきことが起こっていました。それは、その中の一部の共感しあう方々が、新規事業構想を終え、新規事業開発まで進めていたのです。さらに驚いたのは、その事業を進めるために新しい会社の設立をほぼ終える段階まできていたことでした。しかも、そのメンバーたちはあらゆる国の人が参加しており、国境をまたいで新規事業を進めていました。

すさまじい勢いでインターネット上にて議論を交わし、事業計画を立て、指摘事項や要求事項を調整し、どんどん前に進めていたのです。この新規事業は確かにリスクの高い（しかしリターンは大きい）ビジネスでしたが、「スピード」という点では圧倒的に早く、それを主導している本人たちも、早く動き、早く現実と実現可能性を見たほうがリスクは少ないと考えていました。

「時間」は経営資源のひとつであり、それを有効活用することが重要なのです。

90～日目

指摘されたポイントを素早く修正

カタチにした初期の新規事業アイデアや計画を発表すると、利害関係者からのさまざまな要求事項が発生すると述べました。

この調整も迅速に行う必要があります。外部環境は変化し続けていますので、この調整期間も長くなればなるほど、新規事業実行のチャンスが低下すると考えておいたほうがよいでしょう。

では、迅速に要求事項を調整するにはどうすべきかについて2点お伝えします。

まず、**大切なのは、各種要求事項を明確化し管理することです。**

要求事項には利害関係が衝突しているものが多いので、それらを戦略的に対応することにより迅速に行うことができます。

例えば、次ページの図のような「要求事項管理表」などを簡単で結構ですので作成してください。最低でも要求事項のナンバリング、要求をしている人や組織に関する情報、要求事項の優先度、要求事項内容を記載できるようにしておいてください。

ここで最も重要な要素は「優先度」です。

【図 36】要求事項管理表

No.	氏名	組織／部署	優先度	要求事項	対応策	ステータス
1	倉森　薫	○○株式会社 営業本部 取締役	Must	20××年10月に市場に投入したい。	新製品の機能を制限すること、全国一斉発売ではなく、主要○都市のみ20××年10月に先行リリースするプランで調整する。	済
2	藤川　祥	○○株式会社 製造本部 取締役	Must	1億円の追加投資、開発期間の6か月延長をしたい。	新製品の初期モデルの機能の制限、これによる開発工数の削減を通じて、当初予算・期間で開発を進めるよう調整する。	対応中

まず、大前提として、新規事業に対するあらゆる要求事項はすべて「絶対」対応しなければならないものではありません。相手から話をしっかりと聴きだすと、絶対必要なものであったり、これがあったら望ましいというものであったり、可能であればやってほしいというものが混在しています。

また、絶対必要と要求されたものの中にも、今回の新規事業で一番重要なポイントである「世の中への価値提供」や「課題解決」に結びつかないものも含まれています。これらに優先度を設けて整理する必要があります。

優先順位付けには「ＭｏＳＣｏＷ（モスコウ）手法」が役に立ちます。

ＭｏＳＣｏＷ手法とは、Must（必須）、Should（すべきこと）、Could（可能であれば）、Won't（不要）の４つの観点で優先順位付けする方法で、これらの４つの頭文字を取って「ＭｏＳＣｏＷ」と呼ばれています（「Mo」の部分は本来「Mu」なのですが、発音しやすいように、そして地名のモスクワ（モスコウ）とかけて覚えやすくするために「Mo」になったと言われています）。

利害関係者から要求事項を伝えられた際、その要求事項が相手にとってMust、Should、Could、Won'tのどれなのかを必ず聴きだしてください。そして、皆さんの新規事業で推進したい世の中の課題解決、与える価値などと要求を双方見て、最終的な優先順位付けをしていきましょう。

なお、要求事項というのは調整が可能なものです。

例えば、相手がMustの要求事項があり、しかしながらこの要求事項が新規事業の与える価値や課題解決にはどう考えても直接関係のないことだと感じた場合、相手の話をよく聴き、そして新規事業の与える価値や課題解決を相手に伝え、その要求事項の優先順位を下げる説得も必要な場合があります。

2つ目のポイントとしては、要求事項の本質を聴きだし調整するということです。わかりやすい例として、一般的な組織で起こりがちな、開発・製造部門と営業部門の例を挙げましょう。

皆さんの新規事業には製品の開発・製造部門と、それを売る営業部門の協力が不可欠だったとします。

開発・製造部門は非常に品質の高い製品を世の中に出したいという想いがあります。一方で営業部門は競合に勝つために、いち早く世の中に製品を投入し、先行者優位性を獲得したい想

いがあります。

新規事業担当者は、今後の新規事業を考えると、初期投資額は1億円、初期開発期間は1年と考えています。

その計画を開発・製造部門の担当者に見せると、世の中の課題を解決するための製品には10の新機能開発が必要であり、そのためには2億円の初期投資、そしてそれらを開発し製造を経て初回製品をリリースするには1年6か月の期間が必要と要求してきました。

次に営業部門の担当者に計画を見せると、競合の動向もあり10か月で製品を市場に投入することが必要と要求してきました。

こういった場合、相手の要求事項の本質を聴きだし、その本質をもとに調整するのが大切です。要求事項というのは、相手が何かしらの本質的な理由があり、それを具体的なモノやコトに置き換えて伝えているだけであることが多いのです。

例えば、先ほどの場合の調整ですと、開発・製造部門側に見せた10の新機能のうち、いくつかは新規事業により解決したい課題にあまり関係しないものが含まれていたり、営業側に話を聴いていてみると、消費者が望んでいない機能が含まれていたり、既存の製品の一部の機能で十分に課題解決できる機能があったりするかもしれません。

逆に営業部門の「競合よりも先にリリースしたい」という要求事項は、よく話を聴いてみると、単純に早く市場に投入したいということであり、全国一斉リリースではなく、競合との競

争が大きいまたは市場インパクトの大きい特定の地域のみにしぼれば実現可能かもしれません。

これらはあくまでも私が経験した中の一例ではありますが、要求事項の中に隠れている本当の要求事項を聴きだすことが重要なのです。

このように、指摘された部分や要求事項を戦略的に解決し、新規事業計画を迅速に修正し高度化することが新規事業の実現に向けて大切です。

なお、新規事業計画を修正する場合は、事業計画書の他に関連するさまざまな資料類を同時並行で修正をしていてください。すべての資料に一貫性がある、つまり「筋が通っている」状態を維持する必要があります。

また、これらの修正によって、プロトタイプの修正が必要であれば、合わせて迅速に修正をしていきましょう。

90～日目

市場調査を引き継続する

新規事業計画に一発合格はないとお伝えしました。

初期の事業計画を出したからこそ、あらゆる利害関係者からフィードバックが得られ、要求事項も発生します。これはチャンスです。

なぜならば、これらのフィードバックや要求事項を調整し、そして調整した内容をもとに説得すれば、新規事業の決裁を得られる可能性が高まるからです。

このフィードバックや要求事項の中には、市場調査の結果や分析結果が甘いと指摘があったり、本当なの？　と懐疑的に受け取られたり、さらには新たな市場調査を依頼されたりすることがあります。

また、初期の新規事業計画を立ててから、これらの調整中にも外部環境は変化しています。

したがって、市場調査というのは、初期の新規事業計画を立てるために、そのときだけやればよいというものではなく、継続的に実施していくものなのです。

具体的には、利害関係者からの指摘部分を説得するために、新たな切り口で市場調査したり、利害関係が衝突している要求事項を調整するために、追加の根拠データが必要で新たな市場調査をしたりするなどです。

これに加え、市場環境には常に気にかけていてください。

例えば、3C分析の視点でいえば、お客様の動向が変わる、競合の動向が変わるなどの変化です。また調整最中に競合が同様の新規事業を始めてしまうなどです。

そして、5Forces分析の観点でいえば、売り手の状況が変わったり、新規参入があり市場プレイヤーが増えたり、競合と思っていなかったところが代替する製品やサービスをリリースしたりするなどです。

市況などの変化もあることでしょう。本書で紹介している「短期間」で新規事業構想を進めるのは、これらの外部環境の変化による影響をなるべく少なくするという意味もありますので、短期間で行動すれば多くの場合、市場環境の変化は限定的になるのですが、調整で時間がかかればかかるほど、市場環境の動向は常に気にかけておきましょう。

90～日目

新規事業をうまく進めるために重要な要素

最後に、新規事業をうまく進めるために重要な要素、コツを3つお伝えします。

(1) 明確な役割分担・責任者・意思決定者を決めておく

新規事業計画策定、策定後の外部利害関係者との調整、そしてその後の新規事業開発のときに時間がかかってしまう要因として、新規事業チームの中で明確な役割分担がされていなかったり、責任者や意思決定者が誰なのか不明瞭だったりすることがあります。

チームや組織として新規事業を進めている場合、合議制っぽくなっており、全員が納得しないと次に進めないなどで時間がかかっていないでしょうか。

合議制や議論は悪くはないですが、時間がかかりすぎるというのはチャンスを逃してしまう可能性があります。実は、大なり小なり「意思決定」には時間がかかるのです。

この意思決定の時間を短縮するためには、役割分担を明確にしておくことが重要です。

まず、チームの中で明確にしておくのは、各メンバーの役割です。

例えば市場調査担当、ファイナンス担当、オペレーション担当など、事業計画書の中の各要素を策定する責任者です。

これは会社で言えば、CMO（最高マーケティング責任者）や、CFO（最高財務責任者）、COO（最高執行責任者）などの役割と似ています。そして、それらの各要素の責任者からのあらゆる情報を統合し、バランスを取り、最終意思決定をする責任者を設定するのです。これは会社で言えば、CEO（最高経営責任者）です。

なお、意思決定者が増えれば増えるほど、意思決定の時間は長くなります。

すでに述べたように、**新規事業で「時間」はとても大切なものです。時間がかかりすぎることと自体がリスクになる可能性もあります。**

これらを認識し、新規事業が安定的に運営されるまで、最終意思決定者は少なければ少ないほどよいこと、最終意思決定者が責任をもって決断し進めることをお勧めしておきます。

（2）リーンスタートアップを意識する

新規事業を進めるには「リーンスタートアップ」を意識することをお勧めします。

「リーン（lean）」とは「ぜい肉の取れた、体が締まった、痩せた」という意味です。

「スタートアップ（startup）」とは「開始、起動、始動、立ち上げ、起業」という意味です。

つまり、**リーンスタートアップとは「ムダのない起業」**と考えていただければわかりやすいと思います。

リーンスタートアップでは、まず、初期投資をそれほどかけずに、新製品やサービスのプロトタイプや試作品を短期間で作ります。ターゲットを絞った顧客に対してこれらを提供し、顧客からの反応やフィードバックを得ます。

この反応やフィードバックをもとに、次を続けるか撤退するかを判断します。続ける場合には、顧客の反応やフィードバックを分析し、改善を施し再び顧客に提供します。このサイクルを回していくことで、最初から莫大な投資をせずに、かつ市場のニーズやウォンツに合った製品やサービスを開発し、提供することが可能であるとされています。

私もこの手法を多くの場合で採用しています。

まず、決裁者の視点に立ってみましょう。

新規事業で最初から莫大な投資をするプランと、新規事業をフェーズ分けし、「まずはフェーズ1までの実行を許可してください」という投資を小分けにしたプランであった場合、どちらのほうが決裁を出しやすいでしょうか。

新規事業では、事業計画書で全体のプランを見せるとともに、決裁者への決裁事項は、この全体を小分けにし、少しずつ決裁を得て前に進めていくことが新規事業をうまく進める方法です。

巨額の投資を初回にしてしまうと、新規事業構想が市場ニーズやウォンツとマッチしていなかった場合、撤退がしづらくなります。

一方で、フェーズで小分けし、しっかりと各フェーズでの、次に進めるための条件や撤退条件を定義していれば、万が一撤退となる場合でも、損失は限定的になり、次の新たな投資にも向かいやすくなります。

さらに新規事業チームとしても、新規事業開発時にフェーズで小分けにしたほうが、集中しやすいメリットがあります。

例えば、フルマラソンで「42・195㎞を走りましょう」と言うのと、「最初の10㎞は○○をテーマとして走りましょう」とするのでは、チームメンバーの集中度合いも変わってくるはずです。

(3) 初心・初期の志を忘れない

本書の冒頭で「世の中の○○の課題を解決したい!」という熱い想いが重要であることを伝えました。世の中の課題を解決することが価値です。その価値を価値だと思う方から対価をいただけます。この順序の原点になっているのは、「世の中の○○の課題を解決したい!」という熱い想いです。

新規事業構想や事業計画書の策定、決裁者への説得、要求事項の調整など、皆さんは頑張られていると思います。そしてその後の新規事業開発、新規事業の運営でも、さまざまな課題の対応や調整、説得などがあります。これらにはとても大きなエネルギーが必要です。忙しくたいへんな局面になると、ついつい「何のためにやっているんだろう……」と悩んでしまうこともあるかもしれません。

このような状況を打破し、新規事業を進めていくエネルギーの源泉となるのが「世の中の◯◯の課題を解決したい！」という熱い想いです。

新規事業で困難が立ちはだかったときは、ぜひ初期の志や想いなどの初心に立ち返りましょう。それが新規事業を前に進めるエネルギーになります。

最速《さいそく》の90日《にち》！ 新規事業成功《しんきじぎょうせいこう》バイブル

2020年 2月17日　初版第1刷
2022年12月28日　　　第2刷

著　者――――――伊藤大輔《いとうだいすけ》
発行者――――――松島一樹
発行所――――――現代書林
〒162-0053　東京都新宿区原町3-61　桂ビル
TEL／代表　03(3205)8384
振替00140-7-42905
http://www.gendaishorin.co.jp/

デザイン――――――佐々木博則

印刷・製本　㈱シナノパブリッシングプレス
乱丁・落丁はお取り替えいたします。

定価はカバーに
表示してあります。

ISBN978-4-7745-1830-5 C0034